L'INDIGENT PHILOSOPHE,

OU L'HOMME SANS SOUCI.

RECUEIL DE TOUT CE QUI a paru imprimé sous ce Titre.

A PARIS,
Chez PIERRE PRAULT, à l'entrée du Quay de Gesvres, au Paradis.

M. DCC. XXVIII.
Avec Approbation & Privilege du Roy.

L'INDIGENT PHILOSOPHE.

PREMIERE FEUILLE.

E m'appelle l'Indigent Philosophe, & je vais vous donner une preuve que je suis bien nommé; c'est qu'au moment où j'écris ce que vous lisez (si pourtant vous me lisez, car je ne suis pas sûr que ces especes de memoires aillent jusqu'à vous, ni soient jamais en état d'avoir des Lecteurs.)

Donc je dis qu'au moment que je les écris, je suis à plus de cinq cens lieuës de ma Patrie, qui est la France, & réduit en une extrême pauvreté. Bref je demande ma vie, & le soir je me gite où l'on veut bien me recevoir.

A

Voilà, je pense, une misere assez complette ; vous n'êtes peut-être pas fait pour être mieux, me direz-vous, mon cher & benin Lecteur : c'est ce qui vous trompe, je suis d'assez bonne famille, mon pere étoit dans les affaires, issu lui-même d'un pere Avocat, qui avoit des ayeux Officiers militaires. Cela n'est pas si mauvais ; je suis même né riche, mais j'ai herité de mes parens un peu de trop bonne heure.

Je n'avois que vingt ans quand ils sont morts, à vingt ans aimant la joye comme je l'aimois ; vif & semillant comme je l'étois ; se trouver maitre de cinquante mille écus de bien, je n'augmente pas d'un sol ; seroit-il naturel, à votre avis, que j'eusse de quoi vivre à present que j'ai près de cinquante ans ; non, la vie que je mene aujourd'hui n'est pas bâtarde, elle vient bien en droite ligne de celle que j'ai menée, & que je devois mener de l'humeur dont j'étois.

Je n'ai que ce que je merite, & je ne m'en soucie gueres. Quand j'avois du bien, je le mangeois, maintenant je n'en ai plus, je m'en tiens à ce qu'on me donne; il est vrai que si on m'en donnoit autant que j'en voudrois, j'en mangerois encore plus que je n'en ai mangé, je ne serois pas plus corrigible là-dessus, il n'y avoit que la pauvreté qui pût me mettre à la raison, & graces au Ciel me voilà bien en sûreté contre ma foiblesse; je suis pauvre au souverain degré, & même un pauvre à peindre, car mon habit est en loques, & le reste de mon équipage est à l'avenant; Dieu soit loüé, cela ne m'empêche pas de rire, & je ris de si bon cœur qu'il m'a pris envie de faire rire les autres.

Pour cela, je viens d'acheter quelques feüilles de papier pour me mettre par écrit, autrement dit, pour montrer ce que je suis, & comment je pense, & j'espere qu'on ne sera pas fâché de me connoitre.

Au reste dans le tems que j'étois en France, j'entendois qu'on disoit souvent à l'occasion d'un Livre, ah! que cet homme là écrit bien, qu'il écrit mal ; pour moi je ne fçai pas comment j'écrirai, ce qui me viendra nous l'aurons fans autre ceremonie : car je n'en fçai pas d'autre que d'écrire tout couramment mes penfées, & fi mon Livre ne vaut rien, je ne perdrai pas tout, car je ris d'avance de la mine que vous ferez en le rebutant ; ma foi cela me divertit d'ici, mon Livre bien imprimé, bien relié, vous aura pris pour dupe, & par deffus le marché, peut-être ne vous y connoîtrez-vous pas, ce qui fera encore très-comique.

Enfin arrive ce qui pourra, je me fuis fait un plaifir d'écrire, & je n'irai pas m'en abftenir, dans la crainte que ce que j'écrirai ne vaille rien ; c'eft une penfée trop férieufe pour moi, ou fi vous voulez, trop au-deffous d'un homme joyeux, oui trop au-deffous, & je vous dirai que parmi les hommes, je n'ai encore trouvé que la joye de raifonnable, parce que les gens qui aiment la joye n'ont point de vanité, tout va bien pourvû qu'ils fe réjoüiffent, & c'eft penfer à merveille, ce n'eft pas avoir de l'esprit que d'être autrement, vous moquez-vous de moi, grand bien vous fasse, je ne me mets pas en peine; quand j'étois un enfant j'étois vain, cela étoit à sa place, à present que je suis un homme, je ne m'amuse plus à cela, j'ai mis toute ma vanité à ne faire de mal à personne, & toute ma sagesse à me divertir du reste. Car ce n'est pas le tout que d'être pauvre, ce n'est pas assez de porter des haillons, il faut sçavoir en faire son profit, & tel que vous me voyez, je ne prise l'estime des hommes que ce qu'elle vaut; dites-moi, ne serai-je pas bien avancé quand vous direz que j'ai de l'esprit, sera-ce un grand malheur quand vous direz que je n'en ai point? j'en ai peut-être, mais pour le montrer comme vous voudriez qu'il fût, il faudroit que je me donnasse de la peine, & cela ne me divertiroit plus; ainsi je me contente de celui que j'ai à l'ordinaire, je ne me fatiguerai point à le trouver, je le tiens, & je n'ai rien à lui reprocher, car il m'a toujours réjoüi.

Mais voilà assez de préambule, je suis naturellement babillard, il faut que cela se passe. Parlons de ma vie à cette heure, je vais vous en donner des lambeaux sans ordre, car je n'ai pas chargé ma memoire de dattes, mais il faut remettre la partie à une autre fois, car le jour me manque, & je n'use pas d'autre lumiere, je vais manger un morceau, on avalle fort bien sans chandelle, & on digere de même, si votre souper ressembloit au mien, vous ne vous coucheriez pas de si bon cœur que je le ferai, mais pour moi ma friandise & ma philosophie sont les meilleurs amis du monde, ce que la derniere offre à l'autre, celle-ci le trouve toujours bon, l'apetit vient là-dessus qui s'entend encore avec elles, & moyennant ce trio-là je m'accommode, on ne peut pas mieux.

Bon soir, j'ai soupé, je me suis levé un peu matin, je me couche de bonne heure, je ne veux rien perdre.

Dieu aide les gens gaillards, hier

en me couchant je n'avois pas un sol pour le lendemain, aujourd'hui je me retire avec plus d'argent qu'il ne m'en faut pour vivre dix jours, & je ne donnerois pas ces dix jours-là pour une année de la vie d'un Ministre d'Etat ; personne ne viendra m'excroquer les momens que je prétens passer à ne rien faire, vive les plaisirs de ceux qui n'en ont gueres ; il n'y a rien qui les rendent si piquans que d'en avoir rarement, sans compter qu'il ne faut pas bien de l'aprêt pour être aise, quand on ne l'est pas souvent, on se réjoüit où les autres ne sentent rien, il faut des machines aux gens du monde pour les divertir. A gens comme moi il ne faut presque rien, par exemple me voilà charmé, parce que je vais être huit ou dix jours sans travailler ; allez vous-en proposer l'oisiveté comme un plaisir à un ambitieux, à un homme de Cour, c'est lui proposer un martyre, il faut qu'il aille, qu'il parle, qu'il agisse, qu'il s'inquiete, qu'il n'ait ni le tems de dormir, ni de man-

A iiij

ger : il ne vit plus dès qu'on lui laisse le tems de vivre. Et cependant le miserable qu'il est, de combien de choses qui me manquent son repos seroit-il assaisonné ? il est riche, il pourroit faire bonne chere, il a des maisons de campagne, il peut s'y aller promener, il a des amis qui valent mieux que lui, & qu'il pourroit avoir chez lui quand il voudroit, il est logé comme un Roy dans son Louvre, il a du vin de Champagne & de Bourgogne dans ses caves, & tout cela ne lui sert de rien, son ame jeûne de tout au milieu de cette abondance de douceurs, dont elle peut joüir; sçavez-vous bien pourquoi ? c'est que la folle fait penitence des excès de cupidité où elle s'est jettée ; oh ! parbleu, je n'ai jamais laissé prendre un si mauvais pli à la mienne, je l'ai stilée à tout, c'est une vraye avanturiere, aujourd'hui que mon lit est dur, je n'en souhaite pas un plus mollet, je mets seulement mon ragoût à pouvoir y dormir la grasse matinée ; je n'ai point d'amis qui me viennent voir, mais en revanche je vais voir tout le monde dans les ruës, je m'amuse des hommes qui passent ; & quand je vois passer un coquin que je connois, je le méprise, sans avoir la peine maudite de lui faire encore des complimens, & de le traiter comme un homme estimable, comme je ferois si j'étois dans le monde. Je ne fais pas bonne chere, mais j'ai bon apétit ; je ne bois pas de bon vin, mais comme je n'en bois gueres en tout tems, le mauvais me paroît du nectar, & quand je n'ai que de l'eau, je ne la bois qu'à ma soif, cela la rend délicieuse, & sans cela croiroit-on que les malheureux, les gens pauvres pussent résister à leur état ? non, mais la nature est une bonne mere, quand la fortune abandonne ses enfans, elle ne les abandonne pas elle ; un homme étoit riche, il devient pauvre ; laissez-le faire, la nature en lui a pourvû à tout, c'est un soldat qui a armes & bagages ; quand il étoit riche, il étoit délicat, à present qu'il n'a plus rien, la friandise le quitte, l'amour des commodités le laisse là, son goût baisse & devient ce qu'il faut qu'il soit pour s'ajuster à son état, il aimera le pain comme il aimoit la perdrix, l'eau fraiche comme il aimoit le bon vin, & le vin comme il aimoit la plus exquise des liqueurs, en un mot ses besoins s'humanisent, ils demandent peu, parce qu'ils ne peuvent avoir beaucoup, & le peu qu'ils ont les satisfait mieux cent fois que le beaucoup quand ils l'avoient.

Que dites-vous de ma morale? elle n'est pas fort refléchie, c'est qu'elle est naturelle; il y a des gens qui moralisent d'une maniere si sublime, que ce qu'ils disent n'est fait que pour être admiré, mais ce que je dis là moi, est fait pour être suivi, & voilà la bonne morale, le reste n'est que vanité, que folie; les gens d'esprit gâtent tout, ils vont chercher tout ce qu'ils disent dans un païs de chimere, il font de la Vertu une précieuse qui est toujours en peine de sçavoir comme elle fera pour se guinder bien haut, pour se distinguer. Ils croyent donc que c'eſt là la vertu, je leur apprend moi de deſſus mon eſcabeau, qu'il n'y a rien de ſi ſimple que ce qu'on appelle vertu, bonne morale, ou raiſon; nous n'avons pas beſoin d'un grand effort d'eſprit pour agir raiſonnablement, la raiſon nous coule de ſource, quand nous voulons la ſuivre, je dis la veritable raiſon, car celle qu'il faut chercher, cette raiſon qui eſt ſi fine, ſi ſpirituelle & ſublime, ce n'eſt pas la bonne, c'eſt nous qui la faiſons celle-là, c'eſt notre orgüeil qui la forge, auſſi la fait-il gigantesque, afin qu'elle nous étonne. Il me vient une comparaiſon qu'il faut que je vous diſe; imaginez-vous un habit tout uni; quelque bien fait qu'il ſoit à votre taille, on ne dira gueres en vous voyant paſſer, voilà un homme qui eſt bien habillé, mais portez-vous un habit chamaré, brodé d'or ou d'argent, oh tous les paſſans s'arrêteront pour vous regarder, oh le bel habit! dira-t-on, eh bien cette vertu ſimple & telle que la nature nous la donne, elle ne fait pas plus de bruit, n'eſt pas plus remarquable, qu'un habit uni, perſonne n'y prend garde; au lieu que le faſte que vous voyez dans de certaines actions qui vous paroiſſent des prodiges de raiſon ou de vertu, ce faſte-là qui frape tant, reſſemble à la broderie de ···oit chamaré, & il en faut mettre par tout de la broderie, il faut de l'étalage dans tout, ſans quoi rien ne paroît dans le monde.

Je me ſouviens d'avoir vû autrefois un Seigneur qui preſque en même jour perdit ſon fils unique, & la moitié de ſon bien; on s'attendoit à des marques de douleur & d'affliction, mais malheureuſement pour lui, c'étoit un homme qui paſſoit pour un modele de raiſon, pour un Héros en fermeté d'ame, pour un ſage, c'eſt tout dire; il avoit pris ſon goût à figurer comme cela dans le monde; il fallut donc ſoutenir la gageure dans le double malheur qui lui arriva; je le plaignis de tout mon cœur, j'eus pitié de lui à cauſe des peines que lui donneroit cette fermeté qu'il alloit joüer, & en effet le pauvre martyr de l'orgüeil ne versa pas une larme, il se montra inébranlable, il jetta un soupir ou deux, dit-on, pour rendre son courage plus vrai-semblable, pour montrer aux gens que ce n'étoit pas faute de sensibilité qu'il n'étoit pas au désespoir, comme y auroit été un autre. Il fit voir qu'il ne tenoit qu'à lui d'être sujet comme le reste des hommes aux foiblesses de la nature; mais qu'il avoit la force de les repousser. Je le vis le lendemain de ses infortunes, je regardai son visage, mais je ne vis qu'un masque, car la serenité même n'a pas l'air plus paisible que l'avoit ce visage-là, oh je me dis à moi-même, la raison toute unie ne fait pas cet effet-là, il y a ici de la broderie, & je devinois juste, car je sçûs à n'en pouvoir douter, que seul dans son cabinet, mon homme pleuroit & se désoloit comme une femme, & qu'il s'en donnoit à cœur joye, si l'on peut perler ainsi, vraiment je le trouvois bien plus foible & plus femme quand il reprenoit son masque devant le monde, il me paroissoit bien plus pusillanime, car se donner le tourment de ressentir sa douleur, pour avoir la gloire de passer pour un homme admirable en fermeté, je pardonnerois cette vanité-là à une femme, parce qu'elle est d'un sexe plus foible que nous, & à mon gré il n'y a point de plus grande foiblesse que l'orgüeil de feindre des vertus qu'on n'a pas; cette petitesse-là est digne d'une créature artificieuse & superbe comme la femme, n'est-il pas vrai?

Cependant on admira le Comedien, à qui ses singeries coûterent cher, car autant qu'il m'en ressouvient, je croi qu'il mourut de la violence qu'il se fit pour les soûtenir, sa Comedie le tua, cela n'est pas sain, & mourir pour mourir, j'aimerois encore mieux mourir en homme foible, qu'en Histrion qui fait le fort & qui ne l'est pas, j'aurois du moins l'avantage de n'avoir voulu tromper personne, & je remporterois l'honneur d'avoir été de bonne foi; quand on meurt franchement de douleur, la mort n'est que la punition de notre foiblesse, & cela n'est pas si laid qu'une mort qui est la punition d'une fourberie. Oh l'impertinente mort à mon gré, je serois immortel si je n'avois à finir que par là.

Mais c'est assez moraliser, laissons là les folies des hommes, & si nous en faisons, comme absolument il en faut faire, du moins n'en faisons que de celles qui divertissent. Par exemple j'ai mangé tout mon bien, moi, eh bien c'est une grande folie, je ne conseille à personne de la faire, car pour avoir du plaisir, il n'est pas necessaire de se ruiner, ni de devenir pauvre, la pauvreté est une ceremonie qu'on peut retrancher, ce n'est pas elle qui m'a rendu joyeux & content comme je le suis; je l'étois avant que d'avoir tout mangé, mais si j'avois à recommencer, si on me remettoit dans mon premier état, j'aimerois mieux faire des folies ruineuses, qui seroient du moins gayes pendant qu'elles dureroient, que de faire de ces folies tristes, dures & meurtrieres, j'aimerois mieux avoir le plaisir d'être fou, que d'avoir la douleur de faire le sage, avec tout l'honneur qui m'en reviendroit.

A propos de folies, l'autre jour je me trouvai dans une salle où un homme charitable de la Ville assemble quelque fois des pauvres pour leur distribuer de l'argent, & d'autres charités ; il y avoit un grand miroir dans cette salle, je m'en approchai pour voir un peu ma figure, qu'il y avoit long-tems que je n'avois vûë, j'étois si barboüillé que cela me fit rire, car il faut tirer parti de tout, je me regardois comme on regarde un tableau, & je voyois bien à ma phisionomie que j'avois dû me ruiner, & il n'y avoit pas l'ombre de prudence dans ce visage-là, pas un trait qui fit esperer qu'il y en auroit un jour, c'étoit le vrai portrait de l'Homme sans souci, & qui dit, n'ai-je rien ? je m'en moque ; voilà donc celui qui a mangé tout mon bien, dis-je, en m'approchant de ma figure, voilà le libertin qui me fait porter des guenilles, & qui ne s'en soucie gueres : voyez-vous
le

le fripon, tout ce qu'il a fait il le feroit encore.

Quelqu'un de mes camarades entra comme je finissois la conversation par un sault : ami, vous êtes bien gaillard, me dit-il ? vraiment oüi, répondis-je, je viens de voir un homme qui ne doit rien, & qui n'a rien à perdre, pardi je vaux bien cet homme-là, me dit-il, ainsi vous n'avez qu'à faire une gambade en me voyant, sautez, sautez, je le mérite ; & pour m'en donner l'exemple, il sauta lui-même, & puis je sautai, il me le rendit, je le rendis, je croi que nous sauterions encore, si nous n'avions pas entendu ouvrir la porte de l'Appartement, c'étoit l'homme charitable qui venoit à nous, & qui nous mit à chacun une piece d'argent dans la main, en nous demandant nos prieres pour lui, ce que je n'ai jamais manqué de lui accorder ; car tout sans souci que je suis, je crains Dieu, j'ai toujours eu des sentimens de Religion, je ne les ai pas toujours mis en pratique pendant que je me ruinois, mes
B

actions n'alloient pas mieux que mon patrimoine, la dissipation de l'un entrainoit le désordre des autres ; mais maintenant que je suis pauvre, j'ai pris, comme on dit, aux cheveux l'occasion d'être homme de bien, & voici comment j'ai raisonné : j'aimois les femmes, & les femmes aimoient mon argent, à present que je n'en ai plus, qu'est-ce que je ferois de mon amour pour les femmes ? rien, elles ne voudroient plus de moi, il ne faut donc plus vouloir d'elles, aussi-bien en les souhaitant sans les avoir, je souffrirois, & je me damnerois d'un peché penible, faisons donc de necessité vertu ; depuis ce raisonnement, quand j'en ai vû quelqu'une, & que son idée me vient lanterner l'esprit, je mets tout d'un coup la main dans ma poche, je n'y trouve rien, & là-dessus je renvoye les desirs libertins, à qui a le malheur de pouvoir en acheter la satisfaction ; pour moi qui n'ai pas le sol, l'inutilité de me laisser tenter m'est démontrée, je brise avec la tentation, & je me devoüe à la continence par force ; de-là je tâche de m'y dévoüer par vertu, & ainsi de main en main, & pour ainsi dire par cascade j'arrive à traiter cet article-là assez chrétiennement ; on appelle cela faire son salut cahin caha, & fournir sa carriere en boiteux, mais on se tire d'affaire comme on peut, & un boiteux qui ne se lasse pas, fait son chemin comme un autre.

DEUXIE'ME FEUILLE.

JE vous parlois tout à l'heure de mon camarade avec qui je sautai tant l'autre jour ; c'est un assez plaisant personnage, nous ne nous connoissions guéres avant nos gambades, mais notre avanture nous a rendus bons amis ; au sortir de la sa'le il rioit encore de nos caprioles, & je lui contai à l'occasion de quoi il m'avoit vû sauter, quand il sçut ce que c'étoit ; je vous aime de cette humeur, me dit-il, allons boire chopine pour entretenir notre joye, je vous dirai qui je suis, à charge de revanche ; & je payerai l'écot par dessus le marché, car je trouvai hier une honnête Dame qui m'a donné de quoi faire un bon repas : taupe, lui répondis-je, & puis nous entrâmes au cabaret, il ne m'avoit promis que chopine, mais chopine au cabaret tient bien deux pintes.

Après avoir choqué le verre cinq ou six fois ; ce vin-là est bon, me dit-il, autrefois je l'aurois trouvé bien mauvais ; mais ce tems-là n'est plus, j'ai appris à savourer le médiocre, & il n'y a plus aujourd'hui de vignoble que je n'estime, ils sont tous en Champagne pour moi, vive la pauvreté, mon camarade, les gueux sont les enfans gâtés de la nature, elle n'est que la marâtre des riches, elle ne produit presque rien qui les accommode, les deux tiers de ses vignes ne leur conviennent pas, quelle perte pour eux, mon cher confrere, & quel plaisir pour nous, nous buvons tout son vin de quelque côté qu'il vienne, quelle benediction ! chantons là-dessus, je commence & il chanta ; de la joye, de la joye ! notre bien n'eſt nulle part, & il eſt par tout, quand un païs eſt grêlé, nous n'y avons rien, n'eſt-il pas vrai ? buvez, camarade, & tout plein, cela déſaltere ; à propos, je vous ai promis ma petite hiſtoire, écoutez, je vous dirai tout, & cela ſera bien-tôt fait, mais j'ai ſoif, verſez du vin, je tiendrai mon verre, ah qu'il eſt beau, quand il eſt plein !

Là-deſſus il but, & puis il me fit le récit que je vais vous faire auſſi ; après quoi je parlerai de ma vie. Quand j'ai mis la plume à la main, je ne voulois vous entretenir que de moi, je vous l'avois dit, mais ne vous en fiez pas à mon eſprit, il ſe moque de l'ordre, & ne veut que ſe divertir ; voulez-vous gager que mes rapſodies trouvent des Imprimeurs, & que vous les lirez ; ſi ce n'eſt vous, ce ſera un autre, & c'eſt à cet autre à qui je parle ; continuons, & ne nous fâchons pas, je ne dis plus mot, c'eſt mon camarade qui parle.

Je suis le fils d'un Musicien fort habile dans son métier, fort grand yvrogne, mais il avoit ses raisons pour l'être, ne le condamnez point sans l'entendre ; il disoit qu'il n'y auroit jamais eu de musique s'il n'y avoit pas eu de vin, & il n'en buvoit beaucoup de ce vin, que pour puiser la musique dans sa source. Vous voyez bien qu'il n'étoit yvrogne que pour exceller dans son Art, & son intention étoit loüable, bien des gens prétendoient qu'il buvoit encore mieux qu'il ne composoit ; mais c'est qu'à vous dire le vrai, il avoit un petit défaut ; il chantoit trop quand il étoit au cabaret, ses chansons usoient toute sa verve musicale, & puis lorsqu'il alloit travailler chez lui, il avoit presque perdu tout son feu, & de-là venoit que le vin ne lui profitoit pas autant qu'il auroit fait, sans sa mauvaise habitude de chanter ; mais que voulez-vous : chaque homme fait des fautes, cela n'empêchoit pas qu'il ne composât de très-belles choses, j'ai herité de lui d'un Opera qui étoit admirable, il le fit executer à Paris, mais mon pere n'étoit pas heureux, il avoit travaillé sur de mauvaises paroles, & la musique à cause de cela en parut pitoyable; pareil accident arrive tous les jours. Mon pere s'excusa sur le Poëte, mais le Poëte étoit un glorieux qui rejetta tout sur le Musicien; ces faiseurs de Vers n'ont point de conscience, cela dégouta mon pere, qui serra bien proprement son Opera dans son portefeüille, & s'en alla dans les Provinces en faire chanter des lambeaux. A Lyon où il se trouva, il tomba malade d'un Motet, dont il avoit été prendre les beautés au cabaret, suivant sa coûtume, mais l'excès nuit en tout, le transport qu'il prit dans le vin le tua, il fut enterré sans façon, & son Motet aussi. Depuis ce tems-là je n'aime pas les Motets; voilà la mort de mon pere, voyons ma vie à present.

Quand il mourut j'étois soldat, la musique n'étoit point mon talent, & je n'avois jamais pû apprendre que la gamme, de façon que j'aurois deserté de bonne heure la maison paternelle, car qu'est-ce que j'aurois fait avec ma gamme ? j'aimois pourtant beaucoup le vin, & comme mon pere l'appelloit la source de la musique, je m'obstinois à aller à cette source, pour y puiser la science, mais je n'y rencontrois jamais que de la joye, & je n'en revenois que plus joyeux, sans être plus sçavant ; il est vrai que cette joye vaut son prix, & depuis ce tems-là je vais toujours la chercher où je l'ai prise ; prenons-en un petit doigt, à vous, confrere, parbleu il y a eu bien du malheur à mon fait, j'ai toutes les inclinations d'un Musicien, j'aime le vin autant que l'aime un violon, remarquez la bizarerie de mon temperamment, & je ne connois que le noir & le blanc dans les notes, je n'ai jamais pû chanter ma partie qu'en empêchant les autres de chanter la leur ; je n'ai jamais pû exceller que dans les airs de Pont-neuf, encore faut-il que je les chante tout seul, car ma voix ne peut tenir compagnie à celle de personne,

personne, aussi fait-elle autant de bruit qu'une Orgue de Paroisse, vous en avez eu la preuve. Mais revenons à mon métier de soldat, j'étois le premier homme du monde pour porter un mousquet, il n'y a qu'à le tirer que j'ai trouvé de la peine, c'est ce qui a fait que je n'ai pas demeuré fantassin long-tems; d'ailleurs, il faut obéïr à un Capitaine, il a ses volontés, vous avez les vôtres, & volontés pour volontés, il vaut encore mieux faire les siennes que celles d'un autre.

Je m'ennuyois donc beaucoup de la vie de soldat, & comme j'étois d'une taille avantageuse, fort & nerveux, mon Capitaine ne vouloit point que je le quittasse. J'écrivis à mon pere, & le priai de payer si bien mon congé qu'on me laissât aller, mais le bon-homme ne sçavoit payer que les Cabaretiers, & je n'eus point de réponse; que fis-je ? puisque je n'ai pas d'argent pour me racheter, me dis-je en moi-même, il faut trouver un équivalant, & c'étoit la fuite, je désertai,

C

cela faisoit le même effet pour moi que si je m'étois racheté.

Me voilà donc parti, j'allois bon train, je vendis mon mousquet à un païsan, & de l'argent que j'en fis, je m'en aidai à poursuivre mon chemin; cependant j'eus peur qu'on ne me ratrapât, & pour esquiver à ce danger, je prenois toutes les routes détournées. Un soir que j'allois entrer dans un Village, je vis un Ecclesiastique que son cheval avoit jetté dans un fossé, il y étoit jusqu'au col, je m'approchai, il me demanda du secours, & je lui en donnai, ce ne fut pas sans peine que je le tirai de là; mais enfin je l'en tirai, je le remontai sur son cheval, & je le suivis au Village dont il étoit Curé, c'étoit dans le tems de la vendange, il n'avoit qu'une vieille gouvernante qui le servoit, & deux arpens de vigne à vendanger, je m'offris d'en être le vendangeur, le Curé qui m'avoit obligation le voulut bien, il me retint, & le lendemain je me mis dans la vigne. L'autre lendemain c'étoit Fête, le Curé dit sa

Messe, je la servis, à midi il dîna & je lui versai à boire, pendant que la gouvernante essuyoit quelques meubles de bois vermoulu; le Curé en faisant digestion s'avisa de me demander qui j'étois, je lui fis là-dessus une histoire dont je ne me ressouviens plus: mais il en fut si content qu'il me proposa de le servir; dans l'embarras où j'étois, cela me venoit à merveille, & j'y consentis de bon cœur, mais nous ne fûmes que deux mois ensemble; j'étois gourmand, le Curé étoit avare, & la gouvernante acariâtre, on me reprochoit mon pain, cela m'affamoit, je pillois le garde-manger, je trouvois les œufs des poules, je les dénichois, je vuidois le reste des bouteilles, & je ruinois le Benefice, disoient-ils; de sorte qu'un matin on me dit, va-t-en, & je m'en allai, avec trente sols de monnoye qu'on fut une heure à me compter sur un banc.

Pendant qu'on faisoit ma somme, je passai un moment dans la cour, & je vis deux poules au nid. je pris les œufs par habitude, & pour ne pas séparer les meres d'avec les enfans, je logeai le tout dans mon havre-sac, on ne s'apperçut de rien, je vins recevoir mes trente sols, & un bâton blanc à la main, je saluai la maison curiale, & je partis avec ma volaille & coq en plume, & mes trente sols. Je croi qu'on courut après moi, car j'entendis de loin qu'on m'appelloit en venant fort vîte ; mais le mot de petit fripon, de petit coquin qui frapa mes oreilles, ne me parut pas meriter de réponse, & je galopai un peu pour m'éloigner de ce bruit-là. Mais parlez donc, camarade, il me semble que j'ai passé deux mois chez le Curé sans que nous ayions trinqué ? vertubleu le sot métier ! allons, frere, arrosons, le tems est sec ; bon, me voilà en chemin ; à quelques jours de-là je trouvai une troupe de Comediens de campagne, oh ! ma foi c'étoit de bonnes gens, ceux-là ; dès que je vis seulement leur mine, je devinai qu'ils m'accommoderoient ; je les trouvai en chemin comme ils rechargeoient leur bagage dans leur chariot qui avoit versé, je leur offris mon secours, ils l'accepterent, & je travaillai de si bonne grace que je leur plus ; la Troupe par hasard avoit besoin d'un domestique, & ils me retinrent pour l'être, jamais on ne prit Maitre de si bon courage que je le fis ; une heure après avoir été avec eux, j'y étois comme si je les avois connus depuis dix ans ; ils chantoient en chemin, ils buvoient, ils mangeoient, ils faisoient l'amour, ah la bonne vie ! les Rois ne la menent pas, cette vie-là, elle est trop heureuse pour eux, & ils sont trop grands Seigneurs pour elle ; testubleu ! mon camarade, j'étois comme l'enfant qui tête, j'ouvrois les yeux sur eux, mon cœur s'épanoüissoit, je vivois, car je n'avois pas encore vécu ; vous jugez bien que mon plaisir me rendoit gaillard, & comme ils n'étoient pas glorieux avec moi, nous familiarisions ensemble, & je disois le bon mot avec eux ; je n'étois pas laid au moins, je suis bien aise que vous le sçachiez ;

j'étois gros & gras, & j'avois l'air espiegle, de l'esprit je n'en manquois pas, de l'effronterie encore moins ; j'aimois la vie dérangée, tantôt bonne, tantôt mauvaise, se chauffer aujourd'hui, avoir froid demain, boire tout à la fois, manger de même, travailler, ne rien faire, aller par les Villes & par les champs, se fatiguer, avoir du bon tems, du plaisir & de la peine, voilà ce qu'il me falloit, & j'eus contentement avec eux.

Nous arrivâmes dans une petite Ville, où dès le soir même de leur arrivée on leur demanda la Comedie, ainsi dès ce jour-là j'entrai en exercice de ma charge de domestique de Theatre, j'avois la science infuse pour ce service-là, ils admiroient mon habileté, ils joüerent, je ne me souviens plus quelle Piece, ils enchanterent l'assemblée Provinciale, c'est la Cour du Roy Petaut, qu'un spectacle comme celui-là; & il y a un agrément, c'est que des Comediens n'ont pas peur d'y être sifflés, plus ils sont mauvais, plus ils réüssissent, le bon jeu glisseroit sur le parterre ; & le mauvais ressemble au vin dur & épais qui grate le palais, il faut crier, faire contorsions, s'agiter comme des possedés, & puis vous entendez rire ou pleurer, suivant ce qu'on jouë. Nos Messieurs firent de l'argent ce soir-là, & quelques-uns même des conquêtes, qui leur valurent bien autant que leur part dans les Pieces ; d'ailleurs notre Troupe mit toute la Ville en rumeur, éveilla les esprits, rendit les filles & les femmes coquettes, elles se coëffoient & s'ajustoient pour venir voir la Comedie ; on leur en contoit, le feu s'y mettoit, & puis c'étoit des amours, des mariages prématurés ; nous ne vimes pas tous ces effets de notre passage, mais nous les apprimes quelque tems après.

Je me divertis ma foi bien dans cette Ville-là, car en qualité de serviteur de la Comedie, il rejaillissoit sur moi un peu de ces graces que le métier de Comedien donnoit à mes Maîtres. D'abord je ne fus couru que des servantes, & je jettois le mouchoir aux plus jolies ; les femmes de Chambre ensuite vinrent sur leur marché, & je choisissois ; j'ai vû pleurer pour mes beaux yeux, j'étois bien fier, je mettois le chapeau sur l'oreille ; la Troupe me donnoit de vieux bas rouges, & des nipes theatrales dont je m'ajustois, cela renversoit la cervelle à toutes les chambrieres du premier & du second étage ; ma braverie tenta jusqu'à de grisettes que la tentation emporta, & je soupçonnai quelques Bourgeoises du premier rang, de n'oser me dire ce qu'elles pensoient de moi. Je ne suis pas si timide qu'elles, camarade, je vous dirai bien ce que je pense de la bouteille, c'est qu'il la faut boire, avallons.

Nos Comediens ne s'oublioient pas, & il y en avoit d'assez bien faits dans la Troupe, les Bourgeoises les aimoient beaucoup, & ils n'en étoient pas ingrats ; il reste encore dans plusieurs familles des marques de leur reconnoissance ; à l'égard des femmes de la Troupe, on en comptoit deux de jolies, qui avoient l'air vif, un œil coquet, une figure qui agaçoit, & une façon galante qui donnoit aux gens beaucoup plus d'amour que de tendresse; aussi ne convient-il pas d'inspirer de la tendresse quand on ne peut faire un long séjour dans les lieux; les sentimens tendres sont trop lambins, il faut tant de ceremonie avec eux, l'Amour est bien moins formaliste.

La veille de notre départ nous avions promis une jolie Comedie; je dis nous, car j'avois mon rôle, je mouchois les chandelles, & je vous avertis que sans un Moucheur de chandelles on ne pourroit pas joüer la Comedie, c'est lui qui répand la lumiere sur l'action. Or la fiévre prit à un de nos Acteurs qui avoit un rôle d'Amant volage dans notre Piece; voilà l'esperance d'une bonne recette confonduë, toute la Ville devoit se trouver à nos adieux, & nous avions mis au double; je vis le moment où l'on alloit quereller l'Acteur de ce qu'il s'avisoit d'avoir la fiévre si mal à propos, & encore une fiévre qui menaçoit d'être continuë ; comment faire, on se désespéroit ? parbleu je proposai de prendre le rôle du malade, dans un besoin on se sert de tout, ils me dirent : Apprens si tu le peux ; je me mis donc à étudier jusqu'au lendemain, je m'enfermai avec du vin pour encourager ma memoire. Et à-propos de memoire, si j'encourageois votre attention d'une petite rasade, cela seroit-il si mal ? je suis homme à vous tenir compagnie, allons, voilà qui est bien, revenons dans la chambre où j'étudie fort & ferme.

Ma memoire fit un coup d'essai immortel, le lendemain je sçûs mon rôle sur le bout du doigt, j'appellai mes camarades, car désormais mouche les chandelles qui voudra, je ne m'en mêlerai plus, j'ai fait fortune, & me voilà Comedien moi-même ; j'appellai donc mes camarades & les avertis du prodige qui s'étoit fait en moi ; repetons, leur dis-je, & que le malade ne se presse pas de guerir, je vous assûre qu'il aura du tems de reste pour avoir la fiévre: allons, Messieurs, voyons si le brodequin-me siera bien ; mon audace les fit rire, les mit de bonne humeur, c'étoit de l'argent qui leur venoit, si on pouvoit me produire: Allons, mon ami, c'est toi qui commence, me dirent-ils ; Heros, partez pour la gloire, aussi fis-je ; à peine eus-je déclamé quatre vers qu'ils me promirent le laurier du premier jambon qu'ils mangeroient ; comment donc, sçavez-vous qu'ils furent étonnés de m'entendre ? ils disoient que ce n'étoit plus moi, que j'avois une autre physionomie, ce n'étoit que battemens de mains : attendez, leur dis-je, ménagez vos admirations, il m'en faudra bien d'autres, ne me donnez pas tout à la fois, poursuivons, & nous poursuivîmes, & toujours gloire nouvelle ; enfin nous achevâmes, & je fus trouvé si prodigieux qu'ils allerent tous embrasser le malade dans son lit pour lui rendre grace de sa fiévre ; un d'eux opina pour m'afficher à la porte du logis, le sentiment fut approuvé, & sur une grande feüille de papier on me promit au public en gros & grands caracteres; là-dessus je rêvai à part-moi sur l'honneur & le profit que j'allois leur faire, nous n'étions convenus de rien pour mes petits interests, l'affiche étoit faite, j'allois gagner de l'argent, & je conclus que je devois en avoir ma part; je leur dis mes petits raisonnemens, & à leur air je compris bien qu'ils n'auroient pas pensé comme moi: Messieurs, leur dis-je en riant, vous êtes les Maîtres, mais je ne donnerai ma marchandise qu'au prix où vous donnez la vôtre; vous partagez le gain ensemble, n'est ce pas? est-ce que j'ai la peste moi, pour n'être pas admis au partage? ne me fâchez point, vous êtes bienheureux de ce que vous ne m'achetez pas plus cher; ne le voulez-vous pas? voyez ailleurs, je reprendrai mes mouchetes comme à l'ordinaire, mais je ne sçaurois à moins: Il a raison, dit alors un gros garçon d'entre eux, je lui donne ma voix, & nous la nôtre, dirent-ils ensemble, & là-dessus ils m'embrasserent, il n'y eut que nos femmes qui me refuserent la joüe, & qui eurent de la peine à se faire à une égalité si subite avec moi; mais la representation de notre Piece emporta ce reste de fierté qui me disputoit l'honneur de leur bienveillance.

TROISIE'ME FEUILLE.

JE fis ce jour-là les délices de l'Assemblée, on me trouva fait au tour : Il est charmant ce garçon-là, disoit-on, ce sera le premier Comedien de l'Europe; bien plus, c'est que pendant le cours de la Piece, mes camarades étourdis des applaudissemens qu'on me donnoit, me regardoient presque avec respect, je les voyois devenir petits devant moi, & je les laissois faire, je m'accommodois fort bien de leur paroître important, leur respect étoit le bien venu, je ne leur disois pas arrêtez-vous, au contraire la vanité me gagnoit, je sentis que mon visage devenoit hardi & cavalier, je parlois ferme, & je marchois de même derriere les coulisses, je leur rendois la main de l'air d'un Capitaine qui caresse ses soldats, & mes soldats le prenoient de même.

Enfin la Comedie finit, je reçûs tant de complimens que j'en étois yvre, les complimens de Province sont toujours longs, de la part des hommes, & précieux de la part des femmes ; mais la vanité d'être loüé n'est pas délicate, & ils me firent tous plaisir ; mes camarades étoient muets, ils auroient été jaloux s'ils avoient osé, ou plûtôt s'ils avoient pû, mais il n'y avoit pas moyen de me regarder comme un Rival, je confondois tout espoir de concurrence, & l'excès de mon merite ne leur permettoit qu'une admiration qui les rendoit stupides ; aussi je n'en fis pas à deux fois, je pris dès ce jour-là la contenance d'un homme rare, d'un homme qu'on est trop heureux d'avoir, & qui a les bonnes recettes dans sa manche ; nous fûmes priés de donner encore le lendemain la même Piece, tout le monde ne m'avoit pas vû, & tout le monde vouloit me voir, & toujours au double; je dînai chez le premier de la Ville, j'y montrai beaucoup d'esprit, ma gloire m'en donnoit plus qu'à l'ordinaire, ou bien elle défricha tout celui que j'avois, on ne pouvoit se rassasier de m'entendre, ajoûtez que j'étois frais & potelé, ce qui est considerable auprès des femmes, cela fait grand bien à l'esprit qu'on a avec elles, aussi me regardoient-elles comme un objet fort interessant, j'avois deux de mes camarades avec moi, qu'on laissoit boire & manger en paix sans leur dire mot, ils ne me servoient que de freres lays.

Bref enfin pour vous le couper court, nous donnâmes notre seconde representation qui fit autant de plaisir que la premiere, & puis nous partîmes, parce qu'on nous attendoit dans une autre Ville. Buvons à la santé de celle que nous quittons, c'est une Cité de bonnes gens, j'y laissai bien des cœurs qui auroient voulu faire connoissance avec le mien, ou bien avec moi, je ne sçai lequel des deux; mais je croi que dans les sentimens que j'inspirois il y entroit aussi un peu d'apétit pour ma figure; je connoissois cela à la maniere dont on me lorgnoit, il y avoit de tout dans les œillades qu'on jettoit sur moi; mais il fallut m'arracher à toutes mes conquêtes ébauchées; j'en regretai quelqu'une, il y avoit sur tout deux grands yeux noirs que j'eus bien de la peine à quitter, c'étoit une Dame avec qui j'avois mangé; par-là corbleu mon camarade, il y faisoit chaud, ah les beaux yeux! si vous sçaviez comme ils tomboient sur moi, ma foi je ne les soûtenois pas, ils ne me faisoient point de quartier, & je ne demandois pas mieux que de me rendre, mais il y avoit un jaloux qui ne le voulut point, qui ne quitta jamais ma Déesse, attendu qu'elle étoit sa femme, & qu'il avoit surpris ses regards & les miens, & qu'il avoit entendu à merveille les demandes & les réponses; je lui pardonnai

donnai à cause de cela d'être inflexible, car je n'ai jamais été injuste, il avoit raison, & j'avois tort ; mais s'il ne m'avoit pas lié les mains, qu'en pensez-vous ? j'aurois eu encore plus de tort avec lui ; le pauvre homme ! mal-peste, la jolie femme que sa femme ; si vous l'aviez vûë vous feriez *chorus*, il me semble que je la vois encore, ces deux yeux me sont restés dans l'esprit, & le jaloux aussi ; & pour lui il n'y a que quand je bois que je lui pardonne ; mais quand on a du vin tout passe, il rend les gens bons & humains, c'est ce qui fait que je m'y attache, je vous exhorte à en faire autant, mon garçon, la bonté est une belle chose, on ne doit rien negliger pour en avoir ; ces vilains buveurs d'eau sont si rancuniers, si serieux, & quand on est serieux on est de si mauvaise humeur, on a une dent contre tout le monde, au lieu que le vin réjoüit la bile, & de la bile nous en avons tous : *ergo* il faut boire, il n'y a point de Docteur de Sorbonne qui puisse disputer quel-
D

que chose à cet argument-là, il se moque du *distinguo*, & moi aussi. Allons, songeons à notre bile, la mienne a besoin d'une rasade; compere, vous êtes bilieux, songez à vous & ne m'oubliez pas; poursuivons.

Nous quittâmes la Ville, il y avoit bien de la difference entre moi qui en sortois, & moi qui y étoit venu; j'en sortois en Héros, & j'y étois entré en Moucheur de chandelles; & voilà le monde, aujourd'hui petit, demain grand; il y auroit de belles choses à dire là-dessus, mon ami; parmi les Héros on trouveroit bien des gens, qui à leur maniere n'étoient que des Moucheurs de chandelles aussi-bien que moi, & puis un hasard est venu qui les a fait Acteur, & puis qui est-ce? ce sont des hommes admirables. Ce que je vous dis-là est presque sublime, c'est du beau, mais il m'ennuye: tant y a que me voilà le Heros de ma Troupe; marchons, je suis à la tête du Chariot, je chante, je suis gai, j'en conte aux Actrices qui n'en sont pas fâchées, je suis l'espoir des recettes, il ne me reste plus qu'à étudier des rolles, & il est résolu qu'à la Ville où nous allons, je m'enfermerai huit jours pour en apprendre deux ou trois, car de ma memoire j'en ferai ce que je voudrai, & pendant que je joüerai ceux que je sçaurai, j'en apprendrai d'autres, & d'autres en autres, j'en aurai bien-tôt un magasin.

Nous voilà arrivés, je n'avois pris que huit jours pour étudier, & j'en eus douze, parce que mes camarades furent trois ou quatre jours à préparer leur Theatre, de sorte que je sçavois près de quatre rolles quand je commençai à joüer. Je n'aime pas à me vanter, moi, je suis naturellement modeste, comme vous avez pû voir; mais cela n'empêchera pas que je ne vous dise que je parus comme un astre. Il y eut quelqu'un qui me compara à une comete, mais la comparaison d'un d'un astre vaut mieux; car la comete, compere, on dit qu'elle pronostique malheur & moi je ne procurois que du bonheur à mes cama-

D ij

rades, & du plaisir aux autres.

Remarquez bien que je ne cessois d'étudier pour être en état de joüer toujours ; voilà ce qui est une fois dit, car je n'aime pas les repetitions, si ce n'est celle du plaisir, comme de boire par exemple, ainsi je ne ferai point de difficulté de repeter encore un verre de vin avec vous, pour le peu que cela vous plaise, hem, qu'en dites-vous ? mine d'hipocrite, vous en avez bien envie, vous êtes un yvrogne, mon camarade ; quand vous voyez une bouteille, vous l'avalez avant que de la boire ; je vous le pardonne, parce que cela me ressemble, trinquons ; ce qui me charme dans ma maniere de conter une Histoire, c'est le talent naturel que j'ai d'y glisser toujours qu'il faut boire, ce qui est une riche parenthese au cabaret, ne la laissons pas passer sans y faire honneur, point de vuide, je suis comme la nature, je l'abhorre ; bon me voilà bien, reprenons le fil de ma vie à cette heure qu'il est arrosé.

Or vous sçaurez que je fus admiré, & vous vous ressouviendrez que je le serai toujours, car ma modestie ne me permettra pas d'en parler davantage, & il ne faut pas que je perde rien à cause que je suis modeste.

Dans la Ville où nous étions il y avoit une Dame toute fraîche arrivée de Paris, ce qui la rendoit très-respectable à toutes les femmes du païs; elle étoit ridicule, on ne sçauroit dire combien; aussi on l'admiroit, il falloit voir; car il faut qu'une Provinciale se soit fait moquer d'elle à Paris pendant trois ou quatre mois, pour avoir l'honneur d'être admirée dans sa Province, c'est la regle; or cette Dame si admirable, à cause qu'elle étoit si ridicule, n'avoit pas voulu venir me voir la premiere fois que je parus. elle soûtenoit que je devois être détestable, & peut-être avoit-elle raison ; car moi-même, voyez le bon esprit, j'étois très-vain de ce qu'on me trouvoit tant de merite, mais je n'étois par certain de l'avoir, je n'y croyois pas tant que les autres, &

je joüiſſois à tout hasard de l'opinion qu'on en avoit; s'ils ſe trompent, c'eſt leur affaire, me diſois-je quelquefois, prenons toujours, je ſuis le premier homme du monde ici ; eh bien, Monſieur, le premier homme du monde, allez votre train, ſi vous êtes le dernier ailleurs, vous marcherez après les autres, & les autres feront les premiers ; voilà qui eſt tout arrangé, point de bruit, allons vive la joye : Où en ſuis-je, camarade ? à cette Dame qui ſoûtenoit que je devois être déteſtable ; N'eſt-ce pas une Troupe de campagne, diſoit-elle ? ah ! l'horreur, je ne ſçaurois voir cela, je ſuis perſuadée que cela ſouleve le cœur.

Cependant les autres femmes vinrent : Eh bien, leur dit-elle, vous êtes-vous bien diverties, cet Acteur ſi étonnant vous a-t-il remué l'ame ? car c'étoit dans une Tragedie que j'avois joüé : Eh mais, répondirent-elles, vous devriez le voir, il y en a de pires que lui ; & remarquez, camarade, que pendant la repreſentation, cet homme qui n'étoit pas le pire de tous, leur avoit fendu l'ame au lieu de la remuer; mais on n'ofoit pas le dire à Madame, de peur de paſſer pour des ignorantes, ſi il lui prenoit fantaiſie de me voir; au reſte on lui rapporta que j'étois pourtant beau garçon, & que j'avois une figure aſſez revenante : Oüi-da, dit-elle, eh bien, c'eſt quelque choſe dans un Acteur, qu'une jolie figure; mais ſe tient-il bien ? n'eſt-il pas embarraſſé de ſa contenance ? a-t-il des graces ? car il en faut, c'eſt ce qui pare, & je m'imagine qu'en diſant que les graces paroient, elle faiſoit tout ce qu'elle pouvoit pour ſervir d'exemple.

Elle réſolut qu'elle me verroit au reſte, à cauſe de ma jolie figure, & enfin elle arrive, je joüois la même Tragedie; dès que je parus, voilà tous les yeux ſur elle pour ſçavoir ce qu'elle en penſeroit; elle écoute, mais negligemment, & comme une perſonne qui ne s'attend à rien de digne de ſon attention : cependant un petit ſigne de tête pareil à celui de Jupiter, quand il branle la ſienne, & qu'il dit; je consens, annonça d'abord que je n'étois pas si mauvais qu'elle l'avoit crû: connoissez-vous de ces gestes, qui lorsqu'on regarde quelque chose, signifient pas mal, pas mal ? eh bien, ce fut de ce pas mal dont elle me gratifia: Mais à propos de Jupiter, avec quelle élegance ne l'ai-je pas mis là, sans moi, camarade, vous n'y preniez pas garde; ah qu'on trouve de belles choses à table ! Mon ami Jupiter, dit-on, du tems qu'il regnoit, n'avoit qu'à branler la tête pour émouvoir & là terre & les cieux, suivez-moi; & la Dame en branlant la sienne, inspira du respect pour moi à toute l'Assemblée; corbleu! du respect, j'en merite, au moins pour avoir si bien dit; je ne sçai pas ce que vous en pensez, mais un peu de veneration me conviendroit assez; vous riez, ma mine gâte tout; ah ! la peste de mine, pour être un grand homme, il ne m'en a jamais manqué que l'air, c'est ce qui m'a dégoûté du grand, & ce qui m'a fait embrasser le genre bouffon;

tenez,

tenez, mon fils, on a beau faire & beau dire, c'est la mine des gens qui gouverne ordinairement les choses du monde ; vous me voyez aujourd'hui grenoüiller sans façon avec vous au cabaret, n'est-il pas vrai ? je passe une partie de ma vie dans cette bachique obscurité-là, & à cause de cela vous croyez que ce n'est rien qu'un homme comme moi ? si je n'avois pas du vin j'en pleurerois de la pensée que vous avez, mais je ne suis pas si sot que de pleurer quand j'ai de quoi boire ; tant y a que vous en croirez ce qu'il vous plaira, car je ne sçai plus ce que je voulois dire, les réflexions me broüillent, ou bien elles me viennent toutes broüillées, lequel des deux ? ne m'importe, je les donne comme je le sçai, les bribes en sont bonnes ; & au surplus, comme dit le Proverbe, les fous réfléchissent, & les sages font, & moi je bois ; dans quelle classe suis-je ? le Proverbe n'en dit mot, cela m'embarrasse ; ne serois-je pas par hasard entre le ziste & le zeste ?

hem! qu'en penſez-vous? tenez, je l'ai toujours dit, je le dis encore, & je le dirai tant qu'il y aura du vin, ſans quoi je ne dis plus mot; c'eſt ma bouffonne de face qui me fait tort dans le monde, elle m'a coupé la gorge, tous les hommes s'y ſont trompés, on ne m'a jamais pris que pour un convive; regardez-la cette face; ſi mes ſouliers n'ont point de ſemelles, c'eſt elle qui en eſt cauſe, & remarquez que mes ſouliers n'en ont point, & que les vôtres ont tout l'air d'en avoir eu; mais baſte conſolons-nous, la ſemelle qui nous ſert aujourd'hui ſe moque du Savetier, jamais le vilain ne la raccommodera, c'eſt autant de cuir d'épargné : attendez, j'oubliois de vous expliquer comme quoi ma face m'a réduit à la ſemelle qu'on ne raccommode point, c'eſt que quand je vis qu'on diſoit de moi, c'eſt un étourdi qui n'aime que la joye, & qu'on me croyoit une tête de linote; oüi da, repris-je en moi-même, vous le prenez par là, Meſſieurs les hommes, je ſuis donc une linote;

eh bien les linotes chantent, & la linote chantera, & depuis ce tems-là j'ai mis tout mon esprit en chansons, en chansons à boire au moins ! attendu que c'étoit le cabaret qui me servoit de cage, & qu'on n'y apprend que des airs à boire. Aussi j'en ai appris ; aha ! allez, qu'on me cherche une linote qui en sçache autant, & qui les entonne aussi-bien que moi : or par toutes les choses mises en ordre que je viens de vous expliquer, vous concevez, mon garçon, que c'est cette face joyeuse, qui est l'origine du dépit qui m'a conduit à la taverne, où je me suis broüillé avec la vanité de la belle chaussure, & où j'ai bû de même que j'y boirai toutes les semelles qu'un autre auroit fait mettre à ses souliers ; qu'avez vous à dire à cela ? il n'y manque pas un ïota ; voilà qui est clair & net ; si je suis mal chaussé & mal peigné, ce n'est pas à moi à qui il faut s'en prendre, c'est à ces hommes qui vous font perdre ou gagner votre procès sur la mine que vous portez ; s'ils étoient aveugles, ils n'auroient fait que m'entendre, & ils m'auroient admiré, car je parlois d'or ; mais ils ont des yeux, ils m'ont vû, & ma mine a tout perdu ; *ergo* si leurs yeux n'y voyoient goute, leur jugement y verroit clair. Race de duppes, je vous le pardonne, & à ma face aussi ; je lui en veux si peu de mal, que vous voyez tous les rubis dont je l'ai ornée ; & j'espere qu'elle n'en manquera jamais ; sçavez-vous qu'elle me vaut une piece de credit au cabaret ? tous les jours on me prête hardiment dessus, parce qu'on voit bien que celui à qui elle appartient ne manquera jamais de revenir dès qu'il aura de l'argent ; il faut que ce drole-là boive, ou qu'il creve, & on voit que je me porte bien ; je me porterois encore mieux si nous buvions, par exemple, à vous de tout mon cœur, en verité. Où est-ce que j'ai laissé mon Histoire ? n'est-ce pas à Jupiter ? il valoit bien une parenthese, c'étoit un gaillard aussi, à ce que dit Maître Ovide, qui en étoit un autre : car à propos, j'ai étudié, j'avois oublié de vous le dire, parlez-moi d'*hoc vinum, hujus vini*, voilà ce qui s'appelle un fier substantif; sçavez-vous le décliner au cabaret ? on commence par le *genitivo*, parce qu'on dit en entrant au garçon, du vin ! le garçon en apporte au *nominativo*, voilà le vin, il vous en verse après, & c'est au *dativo* ; le *dativo* dure quelque tems, car vous vous en versez vous-même ensuite jusqu'à l'*ablativo*, c'est quand il n'y en a plus dans la bouteille, & puis vous rappellez le garçon pour en avoir, c'est le *vocativo*, & puis quand il en rapporte vous recommencez par le *genitivo* en tendant votre verre, en disant du vin, & par ce moyen vous faites votre déclinaison sans faute ; hé bien, ne suis-je pas un drû ; ah, ah, ah, allons, mon ami, un peu du *dativo* dans mon verre, & chapeau bas, s'il vous plaît, malgré mes haillons.

QUATRIE'ME FEUILLE.

REtournons à cette Dame que j'ai si joliment comparée à Jupiter, & qui trouvoit que je ne joüois pas mal, ensuite assez bien, après quoi; mais ce garçon-là sera bon, s'écrioit-elle à haute voix, je vous assûre qu'il sera bon, car elle ne s'embarrassoit pas de nous interrompre, nous n'étions pas un spectacle assez grave pour elle; cet Acteur-là promet beaucoup, il me surprend; comment donc! il a du feu, des attitudes, une voix touchante, & ce n'étoit pas là ce qu'elle vouloit dire, elle trichoit sur sa veritable pensée, car je croi qu'elle n'entendoit rien à ce que je valois, non plus qu'à cè que je ne valois pas, mais comme j'étois un gros garçon de bonne mine, qualité qui étoit fort de sa competance, & qu'elle voyoit aussi que les autres femmes me trouvoient ragoûtant, je suis persuadé qu'en me loüant, son intention étoit de me donner encore plus de relief dans l'esprit des autres, afin que le goût que je prendrois pour elle en fît plus d'honneur à ses charmes, car elle avoit résolu que j'en prendrois, parce qu'elle avoit dessein par galanterie d'en prendre elle-même, non pas à cause de mes beaux yeux, mais à cause du bel air; elle s'étoit mis dans l'esprit que c'étoit la maniere du grand monde; voilà ce qu'elle avoit rapporté de son voyage de Paris.

Mais la pauvre Dame, il ne lui appartenoit pas de se donner de pareils airs avec son cœur de Province; ces cœurs-là n'entendent pas raillerie, ils ne sont pas assez dégourdis pour cela, & cette femme du grand monde fit bien-tôt avec moi la franche Provinciale; elle m'aima tout de bon, mais d'un amour de Roman, de cet amour qui fait qu'on soupire, qui a des délicatesses qui ne finissent point, des langueurs, des sentimens à perte de vûë; elle alloit au grand dessein, car elle en vouloit à mon cœur directement, nous ne traitions que de cela ensemble, & que de la beauté sublime qu'il y avoit à aimer bien tendrement, & effectivement, je croi que cela est beau quand on veut s'en entêter, mais moi je ne trouvois point de prise à ce beau là, sa tendre spiritualité me faisoit baailler, il me sembloit qu'elle passoit tout son tems à admirer la finesse des choses qu'elle sentoit, je croi que mon ingratitude l'amusoit, car c'est ainsi qu'elle appelloit mon défaut d'attention & de délicatesse; jamais elle n'étoit si fort en goût de tendresse que quand elle n'étoit pas contente de moi, son cœur se délectoit dans les reproches qu'elle me faisoit; cela m'auroit penetré l'ame, si j'avois pû y entendre quelque chose, ah les admirables sentimens! mais je n'en eus que cela, il ne tint qu'à mon cœur de faire bonne chere, & voilà tout; si j'avois passé un an dans cette Ville, peut-être cette ame si délicate se seroit-elle humanisée; car comme on dit, il n'y a point de chemin qui ne mene à

Rome, ces personnes qui en fait d'amour ne veulent qu'un commerce de purs sentimens, qui ont mis toute leur complaisance à soupirer tendrement, & qui ne cherchent qu'à luter de délicatesse avec vous, laissez-les faire les pauvres gens; tenez, toute cette tendresse les apprivoise pour l'amour, c'est un circuit que le diable leur fait faire, & qui les mene sans qu'ils le sçachent où vous les attendez, ils y viendront, ne vous embarrassez pas ; c'est seulement qu'ils prennent le plus long, mais on vous les étourdit pendant la marche, & ils arriveront comme vous les voulez.

Pour moi je n'eus pas le loisir d'attendre la Dame en question, & je la quittai dans le fort de ses délicatesses, je ne m'en souciois gueres, car outre que je n'y trouvois pas grand ragoût, c'est qu'elle y mettoit un ridicule qui les rendoit encore plus fades.

Mais j'ai mal arrangé mon récit; voilà cette Dame que je quitte, & je ne vous ai pas encore conté comme quoi nous fîmes connoissance ensemble; ma foi, arrangez cela vous-même, ou bien prenez que je n'aye encore rien dit de nos amours; allons, retournons où j'en étois, je sçai bien que je voulois boire, & jamais je ne me trompe quand je me reprens là, c'est toujours où j'en suis, versez de rechef, à vous, que le ciel vous le rende, ah! je me retrouve. Je joüois une Tragedie, & la Dame loüoit mon jeu, n'est-ce pas? voilà ce que c'est que le vin, je lui découvre tous les jours de nouvelles qualités, il me donne de la memoire, il me l'ôte, il fait comme je veux, aussi je l'aime, aussi j'en bois, & plus j'en bois plus je l'aime, caractere du veritable amour.

Or donc (car si je me laissois faire, je ne finirois jamais quand je parle du vin, c'est un grand present que le ciel nous a fait, *primò* la vie, ensuite du vin; car si on ne vivoit pas, comment boire? mais quelquefois boire, console de vivre;) or donc cette Dame en question trouva que je joüois à son goût, & les éloges qu'elle me donna me firent tant de bien qu'on ne parloit plus de moi dans la Ville que comme d'un petit prodige : Madame une telle le trouve bon, disoit-on, elle qui revient de Paris, & là-dessus quand je passois on me montroit du doigt, le voilà, & puis on me contemploit ; mais passons cela, car je ne sçaurois le raconter sans rougir.

Quand la Tragedie fut finie, tout le monde vint me feliciter, je ne sçavois à qui répondre ; vous m'avez enchanté me disoit l'un, du ton d'un homme à qui il étoit bien glorieux d'avoir plû, & puis s'en tenoit là misterieusement ; l'autre se broüilloit dans un compliment qu'il vouloit me faire ; celui-ci cherchoit des termes scientifiques qui ne s'attendoient pas de servir jamais à mon éloge ; j'étois au milieu de tous ces admirateurs, quand la Dame cria : qu'il vienne, je veux lui parler, j'obéis, & j'allai saluer cette grande connoisseuse, elle étoit encore jeune, passablement jolie, d'un embonpoint entre le gras & le maigre, veuve par-dessus le marché, elle étoit assise, & la compagnie faisoit un cercle autour d'elle, comme font des Ecoliers autour de leur *Magister*. Vous irez loin, me dit-elle, d'un air prophetique & sans appel, vous irez loin, & toute la compagnie faisant *chorus*, repetoit, il ira loin. Quel âge avez-vous? me dit-elle, vingt ans, Madame; & par ma foi je lui répondois par hasard, car je n'en sçavois rien moi-même, mais je le sçaurai toujours bien quand il me plaira, je n'en suis pas en peine, toujours vit qui n'est pas mort, & je pense que je suis au monde du jour que je nâquis. Avez-vous été à Paris? oüi, Madame; oh! je ne m'étonne plus de la finesse de son jeu, il a vû les Comediens de Sa Majesté; mais à vingt ans joüer de cette force-là! en verité il effacera tout; Madame, vous avez bien de la bonté, je suis charmé d'avoir pû vous divertir: oüi, vous m'avez fait beaucoup de plaisir.

Tout le monde écoutoit notre conversation en silence & la bouche ouverte, on croyoit en me voyant, voir tous les Comediens de Sa Majesté: Lieutenante, dit-elle alors, nous soupons ce soir chez vous, emmenons-le avec nous; Lieutenante aussi-tôt de répondre qu'elle ne demandoit pas mieux; Lieutenant son mari qui étoit dans la foule, de crier brusquement, oüi da, c'est bien dit, nous rirons, car il a de l'esprit; allons, notre cher, c'est fort bien imaginé; avez-vous de l'apétit? il est en âge de cela ; mais il se fait tard, donnez-moi la main, (c'est notre connoisseuse qui finit ainsi), & qui en s'appuyant sur moi sans façon, humilioit par-là les Bourgeoises qui l'entouroient, & qui n'auroient pas osé être si dégagées qu'elle, c'étoit comme si elle leur avoit dit, vous êtes trop sottes pour être aussi hardies que moi, & il sembloit à la mine stupefaire de ces Bourgeoises, qu'elles répondoient que cela étoit vrai.

Or je tenois donc cette Dame sur le poing; Lieutenant marchoit derriere nous avec sa femme qu'il tenoit de même, & ce n'étoit qu'une singerie que sa femme lui faisoit faire ; car en retournant la tête pour voir cet Ecuyer, je vis qu'il étoit tout étonné de l'être, & qu'il étoit pris de respect pour cette ceremonie, il marchoit comme s'il avoit eu des entraves, & sa femme à son tour étoit toute émuë de plaisir de se trouver menée par son mari, cela ne faisoit plus un ménage de Province, & elle en rougissoit de vanité.

Pour moi la Dame que je menois m'entretenoit agréablement de mes talens pour le Theatre, il y avoit même de la cajolerie dans ce qu'elle me disoit, mais des cajoleries qui ne craignoient point d'être entenduës, & qui se moquoient de la retenuë Provinciale, elle me trouvoit hardiment de bonne mine & d'une phisionomie avantageuse, & moi je m'extasiois à mon tour sur la gloire de ne pas déplaire à de si beaux yeux, c'étoit là ce qu'elle demandoit ; car en Province mettre de beaux yeux en avant, c'est dire qu'on aime, c'est donner son cœur, & demander celui des gens; je sentis tout cela à ses réponses, & nous n'étions pas encore arrivés chez le Lieutenant, que je lui en contois dans les formes; il y eut un endroit de notre conversation où je lui baisai la main, & il n'y eut point d'inconvenient à cela, je ne vis jamais de main si souple ; cette main-là sçavoit fort bien son grand monde, c'est ce qui fit que je repetai : badin, je croi que ce n'est qu'une Scene que vous joüez; ah! Madame, c'est une verité que je sens, je n'en croi rien : Ah ! ma belle Dame, repartois-je; oh ! pour belle, non, tout au plus jolie, à ce qu'on dit.

Nous en étions là, quand nous entrâmes dans la maison; on se mit à table, il y avoit assez bonne chere, nous mangeâmes en gens qui ne se regalent pas tous les jours, & je m'appercevois que ma Dame faisoit tout ce qu'elle pouvoit pour m'escamoter une partie de son apétit. Bourgeois, & qu'elle vouloit me paroître familiarisée avec les bons morceaux ; mais ma foi, l'apétit prenoit le dessus sur la vanité, elle avoit beau faire l'hypocrite sur sa gourmandise, les mets la gagnoient malgré elle, & je voyois clairement qu'elle profitoit de la fête aussi-bien que moi ; & de même que nos hôtes qui avalloient de grand cœur ; au reste on boit en mangeant, c'est la coûtume, il faut la suivre ; allons, camarade, point de singularité, vivons comme tout le monde vit. Y a-t-il encore de ce jus dans le pot ? achevons s'il n'y en a gueres ; s'il y en a beaucoup, ne l'épargnons pas.

Ecoutez bien, je vais vous conter maintenant ce qui advint des galanteries que nous nous dîmes cette Dame & moi, entre la poire & le fromage. La Lieutenante qui se piquoit d'être belle, m'avoit sourdement lorgné pendant le repas, non pas qu'elle sentît rien pour moi, mais c'est qu'il lui fâchoit d'être là sans tirer de moi à son tour une attestation qu'elle étoit aimable aussi-bien que son amie, & peut-être plus ;
son

son amie s'étoit apperçûë de la diversion que la Lieutenante tâchoit de faire, & je vis bien qu'elle trouvoit cela ridicule, elle en sourioit en me parlant, l'autre s'en apperçut aussi ; le Lieutenant qui aimoit le vin, s'amusoit à le boire sans remarquer ce qui se passoit, & moi je ne sçavois plus comment regarder pour ne point faire de jalouse, je ne me mettois à mon aise qu'en buvant, car alors je n'étois obligé qu'à regarder mon verre, hors de là j'étois épié pour voir ce que je ferois de mes yeux, l'une à droite sembloit me dire, ne regardez donc que moi, l'autre me disoit à gauche, pourquoi regardez-vous à droite ? & pour ne fâcher personne, je ne regardois soûvent que devant moi.

L'amie de la Lieutenante ne pouvoit pas comprendre comment mon goût hésitoit, je connoissois cela à son air, & la Lieutenante oubliant le respect qu'elle devoit à une femme qui avoit été à Paris, étoit fort scandalisée de la hauteur avec la-

F

quelle son amie prétendoit l'emporter sur elle ; Paris tant qu'il vous plaira, on n'a que faire de l'avoir vû pour avoir un beau visage ; & moi malgré mon embarras j'étois pourtant bien aise de me trouver comme cela entre deux vanités que j'avois fait naître, qui se disputoient ma faveur, & qui toutes deux attendoient leur sort de la fantaisie qui me prendroit ; je crûs à la fin devoir partager mes faveurs, & honorer ces deux femmes de mes attentions à tour de rolle, mais cela ne décidoit rien, la Lieutenante se seroit bien contentée de mon indécision, car elle n'aspiroit qu'à mettre les choses en litige, c'étoit assez pour ses charmes que d'être aussi avancée que des appas qui avoient pris le bon tour à Paris ; mais les appas façonnés à Paris se croyoient insultés de ne luter qu'à force égale contre de si rustiques rivaux, le combat n'étoit pas supportable, & la Dame de Paris étoit outrée d'impatience ; enfin n'y pouvant plus tenir : Ecoutez-moi, me dit-elle, en me tirant par le bras avec vehemence & brusquerie, je veux vous voir joüer dans le Comique, & mes avis ne vous seront pas inutiles, car je m'y connois, & personne ici ne sçauroit ce que vous valez sans moi: Ah! Madame, dit alors la Lieutenante, d'un souris moqueur; tout le monde n'a pas comme vous trois mois de séjour à Paris: trois mois, Madame! c'est l'autre qui repart; dites cinq, s'il vous plaît, & quinze jours avec, entendez-vous? & ces 5. mois-là, sans vanité, m'en ont plus appris que vous n'en sçaurez peut-être de votre vie: Ah! Madame, je ne suis pas curieuse de sçavoir méprifer les autres, & il me paroît que vous n'avez que cet avantage-là: Vous ne vous y connoissez pas, Madame, je n'ai appris là-dessus qu'à avoir pitié de leur ignorance; & ici, Madame, on a compassion de ces pitiés-là, dit l'autre; & ici, Madame, on devroit prendre garde à qui l'on parle, reprit-on: Helas, Madame, ne sçait-on pas qui vous êtes? faut-il des lunettes pour vous renonnoître, en ce cas-là prêtez-moi les vôtres : Qu'appellez-vous, mes lunettes ? mais vous êtes bien hardie, femme d'Elû : Eh bien, qu'eſt-ce ? que vous a-t-il fait cet Elû, reprit le mari de l'Elûë ? quel mal y a-t-il à porter lunettes ? je m'en ſervois à vingt-cinq ans, moi ; vous pouvez bien en uſer à quarante, & vous n'en êtes pas plus vieille : Ah ! Monſieur, me dit-elle alors en ſe levant ; j'étouffe, voilà des groſſieretés qui me tuent ; je me meurs, reconduiſez-moi, je vous prie ; Jaſmin, éclairez, partons ; moi, quarante ans, à une femme comme moi ! Et palſambleu, reprit l'Elû, eſt-ce que c'eſt offenſer Dieu que d'avoir ſa quarantaine, à qui en avez-vous donc, notre bonne amie ? Taiſez-vous, idiot, avec vos quarante ſottiſes, s'écria-t-elle, en me prenant ſous le bras, plus rouge que le feu, vous ne meritez pas l'honneur que je vous ai fait de venir chez vous : Eh bien, femme, il n'y a qu'à le reprendre, dit le bon homme : Oh ! la repriſe ſera petite, ajoûta l'Elûë ;

PHILOSOPHE. 69

mais l'autre étoit déja en marche à ce dernier coup de langue, & se contenta de jetter un regard qui auroit voulu être un coup de foudre; & puis nous partîmes.

Mon camarade en étoit là de son histoire, quand nous entendîmes du bruit dans la ruë; c'étoit un Ambassadeur qui alloit passer, nous n'avions plus de vin; mon camarade paya, & nous descendîmes, après quoi nous nous perdîmes dans la foule, & je ne le revis plus du reste de la journée, il me promit en me quittant de continuer son histoire quand nous nous reverrions, l'occasion ne s'en est pas encore trouvée, & cela viendra, c'est un gaillard qui me fera rire, mais je le lui rendrai bien, ma vie vaut bien la sienne.

Par ma foi, plus j'examine mon état, & plus je m'en louë; si j'étois dans le monde apparemment que j'aurois quelque charge, je serois marié, j'aurois des enfans; sa charge, il faut la faire; sa femme, il faut la supporter; ses enfans, il faut les élever, & puis les marier après ; c'est-à-dire, ne garder que la moitié de sa vie, & se défaire de l'autre en leur faveur, c'est la regle ; n'est-ce pas là quelque chose de bien touchant que ce tracas ? je connois des gens qui ont tout ce que je dis-là, femme, charge, & enfans, & qui sont riches ; je les vois pensans, ils rêvent creux, ils ont des phisionomies serieuses, qui servent de remede à l'envie de rire ; parlez-leur, ils se plaignent toujours ; c'est de leur femme qui joüe, c'est de l'Etat qui va mal, c'est du Ciel, qui ne pleut pas à leur fantaisie, c'est du chaud, c'est du froid, d'un fils libertin, d'une fille coquette, d'une troupe de valets qui les servent mal, & les pillent bien ; après cela c'est des amis qu'il faut regaler, & qui ne seront peut-être pas contens, qui ont plus d'envie de compter vos plats que de les manger, c'est leur vanité qui vient voir si la vôtre soûtient Noblesse ; leur faites-vous trop bonne chere, ils vous trouvent superbes & fastueux, vous les irritez, parce que vous leur rendez la revanche onereuse ; les regalez-vous de bon cœur, mais frugalement, faute de pouvoir faire mieux, votre bon cœur est un sot qui ne leur apprête qu'à turlupiner de vos moyens; serez-vous assez bien meublé pour eux, avez-vous assez de valets, ils prendront garde à tout cela, vous le sçavez, vous craignez ce qu'ils en penseront, vous avez peur de rougir devant eux, il s'agit de leur consideration ou de leur mépris, le coup de chapeau désormais sera plus honnête ou plus cavalier, selon l'état où ils vous trouveront : Car enfin, tâtez-vous vous-même, voyez si suivant le hasard de ces choses-là, un homme ne vous est pas plus ou moins important dans le monde; allez-vous manger volontiers chez des gens d'un étalage médiocre, qui donnent de tout leur cœur, mais qui ne peuvent que donner peu, leur amitié vous pique-t-elle, vous honorez-vous fort de les connoître, parlez-vous d'eux souvent ? non, ce sont de bonnes gens

que vous aimez bien ; mais pour les laisser là, leur commerce ne nous pare point, votre orgüeil n'y gagne rien, ce ne sont point là les connoissances qui vous donnent du nom, qui vous vantent dans l'esprit des autres, vous-même vous ne vous souciez gueres de ceux qui n'ont que de pareils amis, vous voulez que les vôtres fassent du fracas, & vous voulez en faire aussi pour être recommandé à leur amour propre, pour être sur la liste de ceux qu'on peut voir en toute sûreté d'orgüeil ; avec qui est-il ? dira-t-on, en vous montrant, avec Monsieur un tel, avec Madame une telle : Oh ! voilà qui va bien, on parlera de vous, on vous citera, vous en serez digne : Et qui est ce Monsieur un tel dont le commerce vous est si honorable ? Helas ! le plus souvent il n'est rien lui, quant à son esprit, son cœur & ses vertus ; mais il a bon équipage, un bon cuisinier, il fait de la dépense, il se donne de bons airs, on le voit aux spectacles, les Dames le saluent, les hommes l'acüeillent,
c'est

c'est un homme enfin. Non, je dis mal, ce n'est pas un homme, c'est un riche, un possesseur de grandes places, un Seigneur; & on voit par tout desgens qui sont tout cela, sans mériter le grand nom d'homme; car qu'est-ce que c'est qu'un homme? est-ce la naissance qui le fait? non, appellez-le comme vous voudrez, elle ne le fait que le fils de son pere, &c.

CINQUIE'ME FEUILLE.

J'Allois l'autre jour dire de belles choses sur l'homme, si la nuit n'étoit pas venuë m'en empêcher; mais quand la nuit vient, mon luminaire finit, & puis bon soir à tout le monde.

Or sus, continuons mes rapsodies, j'y prens goût; elles ne sont peut-être pas si mauvaises, mais je les ai gâtées en disant que j'étois François, & si jamais mes compatriotes les voyent, je les connois, ils ne manqueront pas de les trouver pitoyables. Car c'est une plaisante

G

Nation que la nôtre; sa vanité n'est pas faite comme celle des autres Peuples; ceux-ci sont vains tout naturellement, ils n'y cherchent point de subtilité, ils estiment tout ce qui se fait chez eux, cent fois plus que tout ce qui se fait par tout ailleurs; ils n'ont point de bagatelles qui ne soient au-dessus de ce que nous avons de plus beau; ils en parlent avec un respect qu'ils n'osent exprimer, de peur de le gâter; & ils croyent avoir raison; ou si quelquefois ils ne le croyent point, ils n'ont garde de le dire, car où seroit l'honneur de la Patrie? & voilà ce qu'on appelle une vanité franche; voilà comme la nature nous la donne de la premiere main, & même comme le bon *sens seroit vain*, si jamais le bon sens pouvoit l'être.

Mais nous autres François, il faut que nous touchions à tout, & nous avons changé tout cela; vraiment nous y entendons bien plus de finesse, nous sommes bien autrement déliés sur l'amour propre; estimer ce qui se fait chez nous; eh! où en feroit-on, s'il falloit loüer ses compatriotes? ils seroient trop glorieux, & nous trop humiliés ; non, non, il ne faut pas donner cet avantage-là à ceux avec qui nous vivons tous les jours, & qu'on peut rencontrer par tout. Loüons les Etrangers, à la bonne heure, ils ne sont pas là pour en devenir vains, & au surplus nous ne les estimons pas plus pour cela, nous sçaurons bien les méprifer quand nous serons chez eux; mais pour ceux de notre païs, mirmidons que tout cela.

Voilà votre portrait, Messieurs les François ; on ne sçauroit croire le plaisir qu'un François sent à dédaigner nos meilleurs ouvrages, & à leur préferer des fariboles venuës de loin. Ces gens-là pensent plus que nous, dit-il, en parlant des Etrangers; & dans le fond, il ne le croit pas ; & s'il s'imagine qu'il le croit, je l'assûre qu'il se trompe; eh ! que croit-il donc? rien ; mais c'est qu'il faut que l'amour propre de tout le monde vive. *Primè*, il parle des habiles gens de son païs, & tout habiles qu'ils sont, il les juge; cela est hardi, cela lui fait passer un petit moment assez flateur; il les humilie, autre irreverence qui lui tourne en profondeur de jugement; qu'ils viennent alors, qu'ils paroissent, ils ne l'étonneront point, il les verra comme d'autres hommes, ils ne déferont point Monsieur; ce sera puissance contre puissance; & quand il met les Etrangers au-dessus de son païs; Monsieur n'est plus du païs au moins, c'est l'homme de toute Nation, de tout caractere d'esprit, & somme totale, il en sçait plus que les Etrangers même.

Ce n'étoit peut-être pas la peine de vous dire cela, Lecteur François, car je m'imagine que vous ne vous souciez gueres de quelle humeur vous êtes; ni moi non plus, je n'y prens nul interest; & si vous lisez mes paperasses, souvenez-vous que c'est l'Homme sans Souci qui les a faites.

Je gagerois pourtant bien que vous croyez que je suis à Paris, quoique je vous aye dit que j'en étois à plus de quatre cens lieuës. Eh bien, si j'y suis, tant mieux pour moi, car j'aime à rire, & Paris est de tous les Theatres du monde, celui où il y a la meilleure Comedie, ou bien la meilleure Farce, si vous le voulez, Farce en haut, Farce en bas; & plût à Dieu que ce fût toujours Farce, & que ce ne fût que cela; plût à Dieu qu'on en fût quitte pour rire de ce qu'on voit faire aux hommes; je les trouverois bien aimables, s'ils n'étoient que ridicules; mais quand ils sont méchans, il n'y a plus moyen de les voir, & on voudroit pouvoir oublier qu'on les a vûs; ah! l'horreur.

Je demandois l'autre jour, ce que c'étoit qu'un homme, j'en cherchois un; mais je ne mettois pas le méchant au nombre de ces créatures appellées hommes, & parmi lesquelles on peut trouver ce que je cherche; je ne sçai où le mettre le méchant, il ne seroit bon qu'au néant, mais il ne merite pas d'y être; oüi, le néant seroit une faveur pour ce monstre qui est d'une espece si singuliere, qui sçait le mal qu'il fait, qui goûte avec reflexion le plaisir de le faire, & qui sentant les peines qui l'affligeroient le plus, apprend par là à vous frapper des coups qui vous seront les plus sensibles, enfin qui ne voit le mal qu'il peut vous faire, que parce qu'il voit le bien qu'il vous faut ; lumiere affreuse, si elle ne doit lui servir qu'à cela, ou bien l'emploi qu'il en fait est bien criminel ; c'est à lui à vuider la question, cela le regarde de plus près qu'un autre.

Il n'y a que le méchant dans le monde qui ait à prendre garde à son systême, il n'y a que lui qui soit obligé d'être si sûr de son fait, qu'il ne se trompe point, & remarquez que la plûpart du tems les méchans sont les plus ignorans de tous les hommes ; & si par hasard il y en a quelqu'un qui raisonne, qu'il examine un peu si ce ne seroit pas pour se mettre en pleine liberté d'être méchant, qu'il s'est imaginé qu'il n'y avoit point de mal à l'être ; cela se pourroit fort bien ; car qu'il regarde les honnêtes gens, les gens de bien qui sont en petit nombre à la verité, mais qui malgré cela soutiennent la societé ici bas, & la sauvent du désordre affreux que lui méchant & ses semblables y mettroient ; car que deviendroit la terre, si le peu qui y reste de vertu ne servoit de contrepoids à l'énorme corruption qui s'y trouve ? bien nous en prend que cela soit ainsi, & que toujours un peu de bon conservé sur cette terre, y maintienne un ordre que l'extrême quantité du mauvais emporteroit sans une Providence ; mais c'est que Dieu est plus fort que l'homme, il faut que l'homme puisse toujours voir clair, & que le bien soit toujours là pour juger le mal, & le mal le respecte.

Revenons à notre méchant qui croit pouvoir l'être impunément ; je disois qu'il regardât les gens de bien, & assûrément il y en a parmi eux qui ont autant ou plus d'esprit que lui ; être homme de bien n'est pas être un sot, & de toutes les bêtises la plus grande seroit de le penser. L'homme d'esprit vertueux peut voir tout ce que voit le méchant, peut se dire tout ce que celui-ci se dit, & peut-être plus, car le vertueux a plus de dignité dans l'ame, il porte plus haut le sentiment de son excellence que nous avons tous, car c'est même l'abus de ce sentiment qui fait que nous sommes tous orgüeilleux ; en un mot, ce sentiment nous est naturel, & celui qui le consulte le plus peut en apprendre bien des choses inconnuës à celui qui le neglige, il peut en tirer bien des pressentimens d'une haute destinée ; ces pressentimens, il est vrai, c'est toute ame, cela n'a point d'expression, & l'esprit alors apperçoit ce qu'il ne sçauroit dire, il n'apperçoit que pour lui, mais aussi ne ferions-nous pas plus divins dans ce que nous voyons comme cela, que dans ce que nous pouvons exprimer & que nous faisons nous-même.

Quoiqu'il en soit, pourquoi l'homme vertueux avec tout l'esprit qu'il a, trouve-t-il les raisonnemens du méchant abſurdes ? pourquoi cette difference dans leurs ſentimens ? car enfin l'homme vertueux ſeroit quelquefois tenté d'être méchant, pourquoi y reſiſte-t-il, puiſqu'il en ſçait autant que ce méchant qui n'y reſiſte pas, & qui croit que cela eſt ſans conſequence ? Oh ! mais, dira ce dernier, c'eſt qu'il eſt retenu par une crainte que je n'ai point ; eh bien, penſez-vous qu'il y ait moins de bon ſens dans ſa crainte ſublime, que dans votre deſir avide & brutal de vous prouver qu'il n'y a point de riſque à être ce que vous êtes ? eſt-on moins aveugle dans votre cas que dans le ſien ? Et moi je vous dis que c'eſt tout le contraire.

Un homme qui ſouhaite un bien avec ardeur, & qui brûle de l'envie de voir qu'il n'y a point de danger à y courir, a bien-tôt fait ſon affaire ; cette extrême envie de joüir, expedie bien vîte les diſcuſſions ; on n'eſt pas délicat ſur les raiſons legitimes de faire une choſe, quand on veut abſolument la faire ; mais l'homme, qui malgré le penchant qu'il auroit à la faire, craint en même tems le peril qu'il peut y avoir à s'y livrer; oh! c'est lui qui y regarde de près, & assûrément s'il faut de la finesse dans l'examen, ce sera lui qui l'aura, & dans toutes les affaires de la vie, vous vous en fierez toujours bien plus à lui qu'à l'autre. Tenez, ôtez la peine qu'il y a à être bon & vertueux, nous le serons tous; il n'y a que cette peine qui a fait de si sottes Philosophies; les Systêmes hardis, les erreurs les plus raisonnées, tout vient de là. On ne sçauroit croire ce que cette peine-là fait devenir notre pauvre esprit, ni jusqu'où elle le duppe, & malheureusement pour nous encore, la nature prête, quand nous voulons nous égarer dans nos considerations: elle a de quoi tromper celui qui la veut voir mal, comme elle a de quoi éclairer celui qui la veut voir bien.

Mais à propos de considerations, je m'avise de voir que je ne m'en suis pas mal donné; je ne sçai point comment cela s'est fait, mais si elles ne sont pas bonnes pour vous, elles ont tout ce qui leur faut pour moi ; c'est qu'elles me rendent meilleur, & au surplus si le Japon me venoit en pensée, je parlerois du Japon ; eh ! pourquoi non ? me suive qui voudra. Au reste quand on a mangé son bien, qu'on n'a plus de commerce avec la vanité de ce monde, & qu'on est vêtu de guenilles ; enfin quand on ne jouit plus de rien, on raisonne de tout.

Les choses vont, & je les regarde aller, autrefois j'allois avec elles, & je n'en valois pas mieux ; parlez-moi pour bien juger de tout, de n'avoir plus d'interest à rien. Autrefois, par exemple, je n'aurois pas pensé si juste sur une chose qui me frappe actuellement.

C'est que je vois de ma fenêtre un homme qui passe dans la ruë, & dont l'habit, si on le vendoit, pourroit marier une demi douzaine d'orphelines ; voilà un vrai gibier pour un chasseur de mon espece ; ah ! que j'aurai de plaisir à tirer dessus du grenier où je suis. Voyons, voici un pauvre homme comme moi qui lui tend la main pour avoir quelque chose, & il ne lui donne rien, apparamment qu'il lui dit, Dieu vous benisse, & c'est toujours quelque chose que de renvoyer à Dieu une charité qu'on ne veut point faire ; parlons à notre homme. Ah ! Monsieur, que vous avez bonne mine ! que vous êtes brillant ! Je cherche un homme, c'est-à-dire, quelqu'un qui merite ce nom ; par hasard ne seriez-vous pas mon fait ? car vous avez grande apparence. Attendez un moment que ma raison vous regarde ; c'est une excellente lunette pour connoître la valeur des choses. Ahi, il me semble que votre habit n'a plus tant d'éclat, votre or se ternit, je le trouve ridicule : qu'est-ce que vous faites de cela sur un vêtement ? on vous prendroit pour une mine du Perou. Eh ! morbleu, n'êtes-vous pas honteux de mettre sur vous tant de lingots en pure perte, pendant que vous pourriez les distribuer en monnoye à tant de malheureux que voici, &

qui meurent de faim. Ne leur donnez rien, si vous voulez, gardez tout pour vous; mais ne leur prouvez pas qu'il ne tient qu'à vous de leur racheter la vie, n'en voyent-ils pas la preuve sur votre habit? Eh! du moins cachez-leur votre cœur, ôtez cet habit qui le découvre, & qui en montre la dureté; ôtez cet habit qui insulte à leur misere, & qui n'a ni faim ni soif. Ne sçavez-vous pas bien qu'il seroit barbare de jetter votre argent dans la riviere, pendant que vous pourriez en secourir des affamés qui n'auroient pas de quoi vivre? Eh bien, n'est-ce pas le jetter dans la riviere, que de le jetter sur un vêtement qui n'en a que faire, qui n'en devient ni plus chaud pour l'hyver, ni plus frais pour l'été? Eh! pour qui le galonnez-vous, ou le brodez-vous tant? Est-ce pour moi? Est-ce afin de m'inspirer plus de consideration pour vous? Je ne donne plus dans ce piege-là; j'ai vécu plus d'un jour, le Marchand ni le Tailleur ne rendent point un homme respectable, & d'ailleurs je ne sçaurois vous regarder dans cet état-là sans que les larmes m'en viennent aux yeux. Retirez-vous ; je ne suis point un Barbare : je voi des gens qui souffrent, je voi le bien que vous pourriez leur faire, & votre vûë m'afflige. Allez, vous dis-je, vous n'êtes point un homme, & j'en cherche un ; si je voulois un tygre, je vous donnerois la préference sur tous les tygres à quatre pattes ; car ils ne sont pas si tygres que vous, puisqu'ils ne sçavent point qu'ils le sont, & qu'il ne tient qu'à vous de connoître que vous l'êtes.

Voyons ailleurs. Je voi là-bas bien des hommes, n'y en aura-t-il pas un tel qu'il me le faut ? Attendez, j'en voi un, devant qui tout le monde se courbe. Qui est-il ? C'est un homme titré, les conventions l'ont fait un Grand ; c'est-à-dire, qu'elles lui ont donné le privilege d'être encore plus petit que les autres. S'en sert-il ? je n'en sçai rien : mais c'est une terrible chose que de n'avoir pas besoin de merite pour être respecté, & ceux qui le saluënt voudroient bien n'en avoir pas plus besoin que lui, ce n'est pas lui qu'ils saluënt, c'est son privilege. Quand ces gens-là se plaignent d'un Grand, quand ils disent qu'il est dur, qu'il est ingrat, qu'il les méprise, laissons-les dire; en verité ils ne le meritent pas meilleur; car ils haïssent moins les mauvaises qualités, qu'ils ne lui envient la liberté qu'il a de les produire.

J'ai connu dans ma vie un homme qui ne pouvoit souffrir l'orgüeil des grands Seigneurs; il n'y avoit rien de plus beau que la morale qu'il debitoit là-dessus; s'il faisoit jamais fortune, ce seroit le plus raisonable de tous les hommes, disoit-on. Cette fortune lui vint, il fut mis en place; je n'ai jamais rien vû de si sot & de si superbe que lui alors; & d'où vient qu'il avoit paru si different? c'est que quand un homme est dans une condition médiocre, il n'ose pas donner l'essort à son orgüeil, il faut qu'il lui retienne la bride, il faut que notre homme file doux en bon

François ; car s'il s'émancipe, on l'humilie, & cela est mortifiant ; de sorte que par orgüeil prudent il s'humilie lui-même, afin que personne ne s'en mêle. Après cela vous le voyez bon, simple, accommodant, ne pouvant comprendre les grands airs de certaines gens, n'imaginant point comment on peut être orgüeilleux, levant les épaules sur tous ceux qui le sont. Ah ! le bon Apôtre ; tenez, voici ce qu'il pense ; puisque je ne sçaurois montrer mon orgüeil, il faut que je m'en vange sur ceux qui ont la liberté de montrer le leur, & qui le montrent. Il faut que je dise qu'ils me font pitié, cela les rendra plus petits aux yeux des autres, & empêchera qu'on ne les voye si fort au-dessus de moi ; car ces gens-là, je ne sçaurois les souffrir, on ne paroît rien auprès d'eux, & je me soulage en les abaissant. Outre cela c'est qu'en faisant profession de regarder l'orgüeil comme une sottise, on croira que je n'en ai point, & que ce seroit peine perduë d'en avoir avec moi,

moi, parce que je le mépriserois sans en être piqué, ou bien que je n'y prendrois pas garde.

Hem ! l'entend-t-il bien notre hypocrite. Soyez bien sûr qu'il pense tout ce que je lui fais dire, & par tout où vous trouverez de ces esprits raisonnables, qui ont tant de pitié de l'orgüeil des autres, ayez en toute sûreté pitié du leur ; c'est un prisonnier qui voudroit être libre, & qui cherche querelle à tout orgüeil, qui a ses coudées franches; comptez là-dessus.

Mais je m'admire moi, de tout ce que j'ai dit depuis une heure, je n'en voulois pas dire un mot, j'ai toujours été entraîné, je ne sçai comment. Quand j'ai mis la plume à la main, j'ai crû que j'allois continuer la suite de mon discours de l'autre jour, où il s'agissoit de sçavoir ce que c'étoit qu'un homme, & de le définir. Point du tout, je l'ai oublié. Oh bien, que cela vienne à propos ou non, je veux pourtant dire ce que c'est que cet homme. Ce n'est ni la naissance, ni les

H

richesses qui le font, ce n'est pas non plus celui qui a de l'esprit, ce n'est pas la créature qui pense ; car la pensée & le sentiment & tout ce que vous avez enfin, appartient bien à l'homme ; mais cela ne fait pas l'homme, je n'appellerois cela que les outils avec lesquels on doit le devenir. Or qu'est-ce donc encore une fois qu'un homme ? Helas ! je ne le dirai, j'en suis sûr, que d'après vous-même, & d'après tout le monde, qui en iroit bien mieux, si nous en avions quantité d'hommes.

Un homme, c'est cette créature avec qui vous voudriez toujours avoir affaire, que vous voudriez trouver par tout, quoique vous ne vouliez jamais lui ressembler. Voilà ce que c'est ; vous n'avez qu'à étendre ce que je dis là ; tous les hommes la cherchent cette créature, & par-là tous les hommes se font leur procès, s'ils ne sont pas comme elle. Adieu ; l'homme sans souci n'y voit plus goute.

SIXIE'ME FEUILLE.

JE viens de relire ce que j'ai écrit la derniere fois, & je ne l'ai pas trouvé mauvais ; ma foi, je l'ai trouvé bon. C'est de l'excellente morale, en profite qui pourra, il ne la faut pas meilleure pour les honnêtes gens ; à l'égard de ceux qui ne se soucient pas de l'être, je ne les compte pas, car ou ils n'ont point d'esprit, ou ils n'ont que de cela ; & si c'est le dernier, c'est encore pis, ils ne liront ma morale que pour voir si elle est bien pensée ; voilà toute la tâche de ces Messieurs-là ; ils ressemblent à ceux à qui on donneroit de l'or, & qui ne s'en serviroient point, mais qui se contenteroient de le peser pour sçavoir à quel kara il seroit. Ne seroit-ce pas là un beau gain ? eh bien, je les avertis qu'avec tout leur bel esprit, je ne les reconnois point pour Juges en fait de morale ; l'esprit ne sçait ce que c'est quand il en juge tout seul.

& que le cœur n'est pas de la partie, il faut que ces deux pieces-là marchent ensemble, sans quoi on ne tient rien.

Mais à propos de morale, je m'avise de penser que celle que j'ai mise la derniere fois fera une plaisante bigarure avec ce qui la précede.

D'abord on voit un homme gaillard qui se plait aux discours d'un camarade yvrogne, & puis tout d'un coup ce gaillard sans dire garre, tombe dans les reflexions les plus serieuses ; cela n'est pas dans les regles, n'est-il pas vrai ? cela fait un ouvrage bien extraordinaire, bien bizarre, eh! tant mieux, cela le fait naturel, cela nous ressemble.

Regardez la Nature, elle a des plaines, & puis des valons, des montagnes, des arbres ici, des rochers là, point de simetrie, point d'ordre, je dis de cet ordre que nous connoissons, & qui à mon gré, fait une si sotte figure auprès de ce beau désordre de la Nature ; mais il n'y a qu'elle qui en a le secret de ce désordre-là, & mon esprit aussi, car il fait comme elle, & je le laisse aller.

Je vous l'ai déja dit, je me moque des regles, & il n'y a pas grand mal, notre esprit ne vaut pas trop la peine de toute la façon que nous faisons souvent après lui ; nous avons trop d'orgüeil pour la capacité qu'il a, & nous le chargeons presque toujours de plus qu'il ne peut.

Pour moi, ma plume obéit aux fantaisies du mien, & je serois bien fâché que cela fût autrement, car je veux qu'on trouve de tout dans mon Livre, je veux que les gens serieux, les gais, les tristes, quelquefois les fous, enfin que tout le monde me cite, & vous verrez qu'on me citera ; bref, je veux être un homme & non pas un Auteur, & ainsi donner ce que mon esprit fait, non pas ce que je lui ferois faire ; aussi je ne vous promets rien, je ne jure de rien ; & si je vous ennuye, je ne vous ai pas dit que cela n'arriveroit pas ; si je vous amuse, je n'y suis pas obligé, je ne vous dois rien, ainsi le plaisir que je vous donne est un present que je vous fais; & si par hasard je vous instruits, je suis un homme magnifique, & vous voilà comblé de mes graces.

Vous riez, peut-être levez-vous les épaules ; mais dites-moi, qu'est-ce qu'un Auteur methodique ? comment pour l'ordinaire s'y prend-t-il pour composer? Il a un sujet fixe sur lequel il va travailler, fort bien, il s'engage à le traiter, l'y voilà cloüé, allons courage, il a une demi douzaine de pensées dans la tête sur lesquelles il fonde tout l'ouvrage; elles naissent les unes des autres, elles sont consequentes, à ce qu'il croit du moins ; comme si le plus souvent il ne les devoit pas à la seule envie de les avoir, envie qui en trouve n'en fut-il point, qui en forge, qui les lie ensuite, & leur donne des rapports de sa façon, sans que le pauvre Auteur sente cela ni s'en doute. Car il s'imagine que le bon sens a tout fait, ce bon sens si difficile à avoir, ce bon sens qui rendroit les

Livres si courts, qui en feroit si peu, s'il les composoit tous ; à moins qu'il n'en fît d'aussi peu gênans que l'est le mien, ce bon sens si simple, parce qu'il est raisonnable ; qui sçait mieux critiquer les sçiences humaines, & quelquefois s'en moquer que les inventer ; qui n'a point de part à une infinité de doctrines qui font les délices de la curiosité des hommes, enfin ce bon sens qui ne sçauroit durer avec aucune folie, comme avec la vanité d'avoir de l'esprit par exemple ; & qui lorsque nous écrivons, & qu'il nous éclaire, nous a bien-tôt dit sur notre sujet ce qu'il en faut dire, car il ne se prête point à nos allongemens, & c'est avec eux que nous faisons des volumes.

Aussi voit-on des ouvrages si languissans ; j'admire comment l'Auteur peut les finir ; car à la vingtiéme page son esprit à demi mort ne va plus, il se traîne, & vous qui lisez son Livre, vous le trouvez solide à cause qu'il est pesant ; vous autres Lecteurs, vous êtes pleins de ces méprises-là.

Je vous dis vos verités sans façon, car je suis l'homme sans Souci, & je ne vous crains point ; vous ne verrez point de préface à la tête de mon Livre, je ne vous ai point prié de me faire grace, ni de pardonner à la foiblesse de mon esprit, cherchez ce verbiage-là dans les Auteurs, il leur est ordinaire, & il est étonnant qu'ils ne s'en corrigent point, mais c'est qu'ils sont si enfans, qu'avec cette finesse-là, ils s'imaginent que vous ne pourrez pas vous empêcher de leur vouloir du bien, & qu'ils vont vous remplir d'une bonté, d'une charité à la faveur de laquelle ils feront glisser l'admiration qu'ils meritent, vous serez le Lion qui n'aura plus de griffes, tant vous serez bien amadoüé. La plaisante idée ; elle me divertit.

Quand un Auteur regarde son Livre, il se sent tout gonflé de la vanité de l'avoir fait, il en perd la respiration, il plie sous le faix de sa gloire ; & ce Livre il va le faire imprimer ; les hommes en connoîtront-ils la beauté ? crieront-ils au miracle ?

miracle, il voudroit bien leur dire que c'en est un, mais ils n'aiment pas qu'on leur dise cela ; ils veulent au contraire qu'on soit humble avec eux ; c'est leur fantaisie ; allons, soit, dit notre Auteur, faisons comme il leur plaît.

Là-dessus il dresse une Préface dans l'intention d'être humble, & vous croyez qu'il va l'être, il le croit aussi lui ; mais comment s'y prendra-t-il ? oh ! voici le beau ; imaginez-vous un géant qui se baisse pour paroître petit, il a beau se baisser, le Pantalon qu'il est, on lui voit toujours ses grandes jambes qui se haussent de tems en tems, parce que la posture le fatigue. Eh bien, ce géant-là, c'est la vanité de notre Auteur ; tenez, regardez bien ; la voilà qui va se baisser. (*Lecteur, la matiere dont j'entreprends de parler, dit-elle, est si grande, & surpasse tellement mes forces, que je n'aurois osé la traiter, si je n'avois compté sur ton indulgence*) fort bien, c'est ici où le géant se fait petit.

Chut, poursuivons (*ce n'est pas*

que quelques amis dont je respecte les lumieres, n'ayent tâché de me persuader que mon travail ne déplairoit pas, & il est vrai que l'étude profonde que j'ai fait sur ma matiere a dû, si je ne me flate, m'en donner une assez grande connoissance ;) voilà les jambes qui se redressent ; quelle singerie ! je n'ai point d'esprit, j'en ai plus qu'un autre, on auroit pû mieux faire que moi, personne ne l'entend mieux, soyez indulgent, admirez-moi, mon sujet me surpasse, il ne surpasse point ? tout cela s'agence dans la Préface d'un Auteur sans qu'il s'en apperçoive.

Foibles créatures que nous sommes, nous ne faisons que du galimatias quand nous voulons parler de nous avec modestie.

Et à propos de modestie ; l'autre jour un honnête domestique (si j'étois dans le monde, je dirois un valet ou un laquais, parce que ma vanité seroit en haleine, & que le langage des honnêtes gens du monde me seroit apparemment familier ; mais aujourd'hui, je vois les choses tout simplement ; dans un domestique, je vois un homme ; dans son Maître, je ne voi que cela non plus, chacun a son métier ; l'un sert à table, l'autre au Barreau, l'autre ailleurs ; tous les hommes servent, & peut-être que celui qu'on appelle valet est le moins valet de la bande ; c'est là tout ce que le bon sens peut voir là dedans, le reste n'est pas de sa connoissance, & dans l'état où je suis, on n'a que du bon sens, on perd de vûë les arrangemens de la vanité humaine.)

Or donc cet honnête domestique, à l'occasion de qui ma parenthese me paroit fort raisonnable, me prêta l'autre jour un Livre qui traitoit de la modestie, & qui disoit qu'il n'y en avoit nulle part de la veritable ; auroit-il raison ? je n'en sçai rien ; mais effectivement *il me semble à moi, que la modestie de tout le monde a l'air gauche.*

Nous ne manquons pas de gens qui croyent être modestes, & qui le croyent de bonne foi, ils le paroissent même à ne regarder que la superficie de cela ; mais examinez-les d'un peu près ; celui-ci ne se loüe point, par exemple, n'ayez pas peur qu'il se vante d'avoir la moindre qualité, il n'oseroit presque dire qu'il est un honnête homme, il ne se sert là-dessus que de phrases mitigées, encore les begaye-t-il ; il est bon, il est genereux, serviable, franc, simple, il est tout cela sans en avoir jamais dit un mot ; oh ! c'est qu'il vous trompe, il l'a dit, & le dit toujours, car toujours il vous fait remarquer qu'il ne le dit point.

En voici un qui rougit quand vous le loüez, vous l'embarrassez tant qu'il ne sçait que vous répondre, il perd contenance, oh ! celui-là est modeste ; non, c'est qu'il a tant d'amour propre qu'il en est timide & inquiet, vous le loüez en compagnie ; tout le monde le regarde, & il n'aime pas à voir l'attention de tout le monde fixée sur lui ; il est en peine pendant que vous le loüez, de ce que les autres en pensent ; il a peur qu'on ne l'épluche en ce moment-là, & qu'il n'y perde, il a peur qu'on ne croye qu'il prend plaisir à ce que vous dites, & que cela n'indispose la vanité des autres contre lui. Trouvez le moyen de lui persuader que tout le monde est aussi charmé de l'entendre loüer qu'il le seroit lui-même, & vous verrez s'il sera embarrassé; il vous aidera à dire, il se livrera à vous comme un enfant, il vous dira, mettez encore cela, & puis encore cela; ainsi ce n'est pas votre éloge qu'il craint, il le savoureroit mieux qu'un autre ; mais c'est l'esprit injuste & dédaigneux de ceux qui écoutent ; appellez-vous cela modestie ?

Je connois un homme qui bien loin de se loüer, se ravale presque toujours, il combat tant qu'il peut la bonne opinion que vous avez de lui ; eût-il fait l'action la plus loüable, il ne tiendra pas à lui que vous ne la regardiez comme une bagatelle, il n'y songeoit pas quand il l'a faite, il ne sçavoit pas qu'il faisoit si bien, & si vous insistez, il la critique, il lui trouve des défauts, il vous les prouve de tout son cœur,

& c'est parce que vous êtes prévenu en sa faveur que vous ne les voyez pas; que voulez-vous de plus beau? Ah! le fripon, il sçait bien qu'il ne vous persuadera pas, il ne prend pas le chemin d'y réüssir; vous l'avez crû vrai dans tout ce qu'il disoit; eh bien, son coup est fait, vous voilà pris; de quel merite ne vous paroîtra pas un homme, qui tout estimable qu'il est, ne sçait pas qu'il l'est, & ne croit pas l'être? peut-on se défendre d'admirer cela? non, à ce qu'il a crû; aussi vous attendoit-il là, & vous y êtes.

Je m'ennuyerois de les compter les faux modestes de cette espece, ils sont sans nombre, il n'y a que de cela dans la vie; & comme dit mon Livre, la modestie réelle & vraie n'est peut-être qu'un masque parmi les hommes, il est vrai qu'il y a tel masque qu'il est difficile de ne pas prendre pour un visage; il y en a aussi quantité de si grossiers qu'on les devine tout d'un coup; & ceux-là je les pardonne volontiers à cause qu'ils me font rire ou qu'ils me font pitié.

Je connois de bonnes gens très-plaisans, par exemple ; c'est que sçachant le cas qu'on fait de ceux qui ne se loüent point, ils ont là-dessus fait leur plan, ils ont dit ; je ferai modeste, allons, cela est arrêté, & ils le sont ; ce n'est pas là tout, c'est que si après cela vous ne leur disiez point qu'ils le sont, ils vous le diroient eux-mêmes, & si vous le dites le premier, ils en conviennent de tout leur cœur, ils vous rapportent des exemples de leur modestie, ils vous marquent les tems, les lieux, les actions avec une satisfaction, une naïveté pleine d'innocence ; après cela ils concluënt, ils disent ; cela est vrai, mon défaut n'est pas d'être vain, & pour preuve de cela, c'est qu'ils en font vanité de n'être pas vains ; aussi ces gens-là, je ne dis pas qu'ils sont masqués, car ils ne portent point leur masque, ils ne l'ont qu'à la main, & vous disent ; tenez, le voilà ; & cela est charmant. J'aime tout-à-fait cette maniere-là d'être ridicule ; car enfin, il faut l'être, & de toutes les manieres de l'être, celle qui merite le moins de blâme ou de mépris, du moins à mon gré; c'est celle qui ne trompe point les autres, qui ne les induit pas à erreur sur notre compte; il n'y a que les vanités fines & souples qui me révoltent.

Les ridicules bien francs, qui ne se cachent point comme je dis, qui se livrent à toute ma critique, à toute la moquerie que j'en puis faire, je ne leur dis mot, je les laisse là, ce seroit les battre à terre; mais ces fourberies d'une ame vaine, ces singeries adroites & déliées, ces impostures si bien concertées, qu'on ne sçait presque par où les prendre pour les couvrir de l'opprobre qu'elles meritent, & qui mettent presque tout le monde de leur parti; oh! que je les haïs, que je les détesie.

Cependant il faut faire semblant de n'en rien voir, car il faut vivre avec tout le monde; il ne s'agit pas de marquer ses dégoûts, & les gens qui se piquent de ne pouvoir souffrir ces sortes de défauts-là, qui les persecutent dans les personnes qui les ont, je ne les aime pas trop non plus ces gens-là; ils ne sont point aimables, & qu'ils n'aillent point dire qu'ils n'en agissent comme cela, que parce qu'ils sont amis de la verité; ce discours-là ne vaut rien, ces grands amis de la verité ne la disent point quand ils parlent ainsi. Ce n'est pas le parti de la verité qu'ils prennent là-dedans; c'est qu'ils sont extrêmement vains eux-mêmes, & que leur vanité ne sçauroit endurer le succès des fausses vertus des autres; cela fatigue leur amour propre, & non pas leur raison; entendez-vous, Messieurs les veridiques, ne nous vantez point tant vôtre caractere, je n'en voudrois pas moi; vous n'êtes que des hypocrites aussi, avec cette haine vigoureuse dont vous faites profession contre certains défauts, & des hypocrites peut-être plus haïssables que les autres, car sous ce beau prétexte d'antipatie vertueuse sur ce chapitre; vous ne trouvez personne à votre gré, vous satyrisez tout le monde, aussi-bien l'imposteur qui joüe des vertus qu'il n'a pas, que l'honnête homme qui les a ; vous êtes ennemis declarés de tous les honneurs d'autrui ; vous n'en voudriez que pour vous, tout ce qui est loüé & estimé vous déplaît, & je ne suis point votre dupe ; laissez les gens en paix, souffrez la vertu, pardonnez aux autres hommes leur vanité ; elle est plus supportable que la vôtre, elle vit du moins avec celle de tout le monde ; les autres hommes ne sont que ridicules, & vous par-dessus le marché vous êtes méchans ; ils font rire, & vous, vous offensez ; ils ne cherchent que notre estime, & vous ne cherchez que nos affronts, est-il de personnage plus ennemi de la societé que le vôtre?

Cependant on a la bonté de vous craindre, c'est à qui sera de vos amis, afin de n'être pas mordu ; j'ai remarqué même que votre protection, (car votre amitié en est une) gâte ceux à qui vous l'accordez ; ils ne s'inquietent plus d'eux, il leur semble, parce que vous les aimez, que leur fortune eſt faite, ils ne ſe gênent plus, ils parlent haut, ils raiſonnent ſur les autres, ils les jugent; & en effet on les écoute, on les entoure, & pendant que tout le monde n'ouvre la bouche ſur votre chapitre qu'avec crainte & reſpect, eux ils joüiſſent ſuperbement de l'avantage de parler de vous d'une maniere aiſée & familiere, & on voudroit bien être à leur place; ils racontent vos reparties, vos jugemens, vos audaces; ils ajoûtent qu'ils vous querellent tous les jours, qu'ils vous retiennent, mais que vous n'entendez pas raiſon ſur certaines choſes. C'eſt un étrange homme, diſent-ils, il faut marcher droit avec lui, les caracteres faux ne l'accommodent pas, du reſte le meilleur garçon du monde, & le plus ſimple, je lui dis ce que je veux moi, quelquefois il ſe fâche, & il me divertit, mais on ne le changera point.

Tout ce que je dis là au reſte,

je l'ai vû arriver comme je le raconte, & je le rend trait pour trait.

SEPTIE:ME FEUILLE.

ECoutez, mon Lecteur futur, je vous mépriserois bien si vous ressembliez à certaines gens qu'il y a dans le monde; oh! que l'esprit de l'homme est sot, & que les bons Auteurs sont de grandes dupes, quand ils se donnent la peine de faire de bons ouvrages; encore s'ils n'écrivoient que pour se divertir, comme je fais a present, moi, passe. Un Lecteur quelque ostrogot qu'il soit, par exemple, ne sçauroit mordre sur le plaisir que j'y prens, je l'en défie. Qu'il dise, s'il veut, que mon Livre ne vaut rien; que m'importe, il n'est pas fait pour valoir mieux. Je ne songe pas à le rendre bon, ce n'est pas là ma pensée, je suis bien plus raisonnable que cela vraiment; je ne songe qu'à me le rendre amusant.

Est-ce qu'il y a des Lecteurs dans

le monde ? je veux dire des gens qui meritent de l'être ; helas ! si peu que rien ; je dis même à Paris, qui est une Ville où il y a tant de beaux esprits, tant de jeunes gens qui font de si jolis petits vers, de la petite prose si délicate, où il y a tant de femmes qui sont si aimables, & qui à cause de cela sont si spirituelles ; tant d'hommes qui ont du jugement, parce qu'ils sont graves & flegmatiques, tant de pedans qui ont l'air de penser si mûrement ; enfin, à Paris où il y a tant de gens qui font mine d'avoir du goût, & qui ont appris par cœur je ne sçai combien de formules d'approbation ou de critique, de petites façons de parler avec lesquelles il semble qu'on y entend finesse.

Mais laissons cela, je n'en parle qu'à l'occasion de deux personnes que je viens en passant d'entendre raisonner sur un excellent Livre, & qui en raisonnoient pitoyablement ; & dans le fond il n'y a pas grand inconvenient à tout cela : car qu'est-ce que c'est que l'esprit, pour qu'on se scandalise tant des injures qu'on lui fait? je jetterois à croix & à pile de dire que j'en ai beaucoup, ou que je n'en ai point du tout, je n'y croirois ni gagner ni perdre. Quelques idées de plus qui n'aboutissent à rien qu'à faire souvent du mal, qui ne donnent que du babil & de l'orgüeil à celui qui les a, n'est-ce pas là l'esprit? je ne voi presque que le Papetier qui ait interêt qu'on ne le méprise point; croyez-moi, celui qui n'en a gueres est tout aussi avancé que celui qui en a beaucoup, & celui qui n'en a point s'en passe avec un peu de sens commun, car il ne faut que de cela dans la vie, il n'y a que de cela non plus, & je croi que les hommes ne vont pas plus loin; des passions & du sens commun, voilà leur lot, cela est en eux comme le sang est dans leurs veines, voilà ce qu'ils reçoivent de la Nature; de l'esprit & des Livres, voilà ce qu'ils y ajoûtent, & on se passeroit bien de leurs presens. Quand je parle de sens commun, les faiseurs de Livres diront qu'ils ne cherchent que lui quand ils écrivent, mais celui qui est cherché ne vaut rien, il n'y a que celui qui nous vient dans le besoin, qui est bon, c'est le veritable, & il arrive assez sans qu'on le cherche ; il est simple, il ne sçait point se redresser, se mettre sur ses ergots pour faire le Prédicateur à propos de rien, il laisse faire cela à l'esprit qui est son singe ; c'est ce singe-là qui est Philosophe & qui nous donne souvent des visions au lieu de sciences.

Je me souviens qu'un jour à la campagne nous disputions deux de mes amis & moi sur l'ame. Un bon Païsan qui travailloit auprès de nous, entendit notre dispute, & me dit après ; Monsieur, vous avez tant parlé de nos ames, est-ce que vous en avez vû quelqu'une ? & il avoit raison de me demander cela, & je le demanderois à tous ceux qui en disputent.

Et à propos de science, il me revient encore dans l'esprit un fait qu'il faut que je dise ; j'ai eu autrefois une maîtresse qui étoit sçavante,

sa folie étoit de philosopher sur les passions pendant que je lui parlois de la mienne ; cela m'impatienta, & je me mis à mon tour à philosopher dans mon petit particulier contre elle. J'avois remarqué qu'elle étoit glorieuse de sçavoir si bien jaser, je pris donc le parti de la loüer beaucoup, & de faire le surpris de sa penetration, elle m'en croyoit enchanté : sçavez-vous bien ce qui arriva ? c'est que pendant qu'elle définissoit les passions, je lui en donnai en tapinois une pour moi que sa vanité lui fit prendre par reconnoissance, & qui m'ennuya à la fin, parce que j'en méprisai l'origine ; elle fut fâchée de la retraite que je fis, mais elle ne perdit pas tout : car comme elle aimoit à philosopher, je lui laissois de la besogne pour cela en me retirant. Elle ne parloit des passions que par theorie, comme de l'amour, de la jalousie, & de ses foiblesses, il n'y avoit que son esprit qui les connoissoit, & je les lui mis dans le cœur, afin de les approcher de plus près d'elle, de sorte
qu'il

ne tint qu'à elle de les connoître encore mieux; mais je croi qu'elle s'occupa plus à les sentir qu'à les examiner; on ne songe gueres à ce qu'elles sont quand on les a, & depuis ce tems-là j'ai conçû qu'on ne les connoit bien que lorsqu'on ne les a plus.

Si les femmes lisent cet article-ci, elles m'en voudront du mal; mais qu'elles me le pardonnent, c'est la seule fois de ma vie que j'ai été inconstant; encore ne l'ai-je été que parce que je ne m'étois fait aimer que par espieglerie, & que je ne pouvois pas songer à l'amour de ma Maitresse sans le trouver Comique, & sans la trouver elle-même ridicule de l'avoir pris; & je croi que j'avois raison, mon inconstance étoit de bon sens.

Un homme de ma connoissance fit un jour à peu près comme moi; c'étoit un fort honnête homme, mais il n'étoit pas riche, il plaidoit; sa fortune dépendoit du gain de son procès, & tout ce qu'il avoit d'argent passoit à la nourriture de ce

K

procès, & au profit des défenseurs de son bon droit; cela rendoit sa garderobe modeste, il étoit fort simplement vêtu.

Dans cet état il prit de l'amour pour une très-jolie Demoiselle; notez qu'il étoit garçon de bonne mine, mais ses habits étoient trop bruns; la Demoiselle ne fit que jetter les yeux sur sa figure si peu décorée, & voilà qui fut fait, elle ne le regarda plus; il avoit de l'esprit, & sentit fort bien la cause de sa disgrace; de crainte pourtant de se tromper, il ne se rebute point, il revient & soupire plus fort; helas! loin qu'on l'entendit, on ne sçavoit pas seulment qu'il fût là, son misérable habit étoit une nuée qui le couvroit; mais attendez, il gagna son procès, & courut vite chez le Marchand acheter de quoi se défaire de sa nuée; & deux jours après retourne chez la Demoiselle brillant comme un soleil; oh! le soleil ébloüit, échauffa pour le coup. Ce n'étoit plus le même homme, on n'avoit plus des yeux que pour lui, on lui répondoit avant qu'il eût parlé ; tout ce qu'on lui disoit étoit un compliment : Que vous êtes bien habillé ! que cet habit est galand ! qu'il est de bon goût ! & puis, laissez-moi, car je vous crains, ne revenez plus ; & puis, quand vous reverra-t-on ? jamais, ma belle Demoiselle, répondit à la fin notre homme, jamais ; mais je vous enverrai la belle décoration où je me suis mis, puisque vous en êtes si touchée ; quant à moi, ce n'est que par méprise que vous me dites de revenir, car il y a deux mois que vous me voyez, & que vous ne le sçavez pas, ainsi ce n'est pas à moi à qui vous en voulez, car je n'ai point changé, j'ai pris d'autres habits, voilà tout, & c'est eux qui sont aimables, & non pas moi, je vous le dis en conscience : Adieu, Mademoiselle ; & cela dit, il sortit, & ne la revit jamais.

Qu'il y a de femmes dans le monde comme cette fille-là, êtes-vous laid & mal fait, allez chez le Marchand, sa Boutique est un Magasin

K ij

de belles tailles & de jolis visages; les pierreries rendent encore un homme bien redoutable, on ne sçauroit croire le bon air qu'elles donnent.

Par ma foi, la Nature a besoin qu'il y ait des femmes dans le monde, & nous aussi; mais si on les regardoit bien fixement d'un certain côté, (je dis en general, car il y a des exceptions par tout;) elles paroîtroient trop risibles pour avoir rien à démêler avec notre cœur, elles cesseroient d'être aimables, & ne seroient plus que necessaires.

En voilà pourtant assez contre elles, & je m'étonne moi-même d'en avoir parlé sur ce ton-là, car personne n'a plus été leur humble serviteur que moi; mais tout ce que j'en dis là ne leur fera jamais de tort: ceux qui disent du mal d'elles, & qui prêchent leurs défauts, sont aux Invalides, répondoit un jour un de mes amis à un vieillard qui vouloit lui inspirer de l'indifference pour elles; & j'y suis aussi moi aux Invalides, aussi-bien que ce vieillard-là, car ma pauvreté vaut bien de la vieillesse avec elles, sur tout avec les femmes du monde, & je ne dis pas assez ; l'état d'un vieillard n'est pas si desesperé que le mien, encore quand il est riche, lui passe-t-elles qu'il est jeune ; mais quand on est pauvre, il n'y a plus de ressource, on est mort, ou bien autant vaut. Le mal est qu'on n'est mort qu'à leur compte, & qu'on ne l'est pas pour soi ; au contraire, jamais on ne sent tant que l'on vit, que lorsqu'elles vous retranchent du nombre des vivans ; c'est que le diable ne veut rien perdre, quand il voit qu'elles ne veulent plus de vous, il vous fait faire les deux mains, comme on dit au jeu, c'est-à-dire, qu'avec tout le goût que vous avez pour elles, il vous donne encore le goût qu'elles ont perdu pour vous, des deux parts il n'en fait qu'une, & à vous la masse ; n'êtes-vous pas bien à votre aise après cela ?

Une de mes parentes fut mariée à un homme extrêmement âgé, elle étoit jeune & aimable, cela ne lui convenoit point; mais elle étoit née si sage & si raisonnable, qu'on crut que l'inégalité des âges seroit sans conséquence; elle-même n'y sentit pas grand inconvenient quand elle se maria, elle épousa son vieillard sans chagrin, & pleine de confiance en ses forces, d'autant plus qu'il étoit extrêmement riche, & qu'il lui faisoit un bon parti; mais comme on dit proverbialement, c'étoit compter sans son hôte que de croire qu'elle s'en accommoderoit, & cet hôte, c'est le diable ou nous.

A peine y avoit-il deux mois que la pauvre fille étoit mariée, que je lui vis les yeux plus éveillés, plus languissans & plus inquiets que de coûtume, car tout cela y étoit; rien de plus serain, de plus paisible & de plus tranquile que ces yeux-là auparavant: Comme nous étions elle & moi très-familiers ensemble, je lui demandai à qui elle en avoit; je vous trouve differente de ce que vous étiez, lui dis-je; vous n'êtes pas contente: Tais-toi, mon coufin, me dit-elle, ne parlons point de cela ; j'infiſtai ; contez-moi ce qui en eſt, lui dis-je, y a-t-il quelque choſe qui vous chagrine ? Je n'ai, me dit-elle, qu'un mot à te répondre ; mon mari eſt ſi vieux ; hé ! ne ſçaviez-vous pas bien qu'il l'étoit quand vous l'avez épouſé, lui dis-je ; non, reprit-elle, je ne ſongeois pas à cela, & je ne ſçavois pas que j'y ſongerois. Elle ne m'en dit pas davantage, & je devinai le reſte ; c'eſt que nous ſommes des eſprits de contradiction ; pendant qu'on peut choiſir ce qu'on veut, on n'a envie de rien ; quand on a fait ſon choix, on a envie de tout ; fût-il bon, on s'en laſſe ; comment donc faire ? Eſt-on mal, on veut être bien ; cela eſt naturel ; mais eſt-on bien, on veut être mieux ; & quand on a ce mieux, eſt-on content ? oh que non ; quel remede à cela ? ſauve qui peut.

Voyez, voilà deux jeunes gens qui s'aiment, on ne veut pas les marier enſemble, ils ſechent ſur pied, ils ſe meurent ; mariez-les, vous leur rachetez la vie, ils ne veulent que cela ; ils ne se soucient pas d'avoir de quoi vivre, ils vivront assez du plaisir d'être ensemble : Enfin les voilà unis, & par-dessus le marché ils sont riches ; que de joye ! que de transports ! qu'ils vont être heureux ! point du tout ; regardez-les deux mois après, Monsieur sort déja de son côté, & Madame du sien ; ils se voyent, parce qu'ils se rencontrent ; qu'est donc devenu leur amour ? il s'est perdu quand il a eu ses coudées franches, on ne le gênoit plus, il n'étoit plus contrarié, on l'a laissé libre ; il est mort de sa liberté : à present que nos jeunes gens sont mariés, s'il venoit une défense de s'aimer, & de se voir, qu'il leur fût interdit de se trouver bien ensemble, vous verriez tout d'un coup renaître leur tendresse, ou plûtôt leur esprit de contradiction, comme je l'ai déja dit : oüi, je croi que pour faire cesser tous les mauvais ménages, il n'y auroit qu'à défendre les bons.

Il y a des peuples dans l'Europe qui

qui aiment la liberté, jusqu'à sacrifier tout pour elles, ils sont devenus furieux quand on a voulu la leur ôter ; veut-on les assujettir ? ce n'est pas par la violence qu'il faut s'y prendre ; rendez-les si libres, laissez-les joüir d'une liberté si outrée, qu'ils s'en ennuyent, & qu'elle les choque eux-mêmes ; ne prenez pas garde à eux, laissez-les faire, ne vous mêlez de rien, oubliez-les ; ils viendront vous dire de les mettre aux fers, ils vous reprocheront votre patience ; ils vous donneront en un jour plus de pouvoir contre eux, que la violence ne vous en donneroit en cent ans, ils voudront un Maître, parce qu'ils n'en auront point, & vous pouvez vous reposer sur eux de l'étenduë des droits qu'ils vous donneront alors.

J'ai une fois en ma vie aimé une femme avec passion, parce qu'à l'occasion de quelque chose, elle avoit dit, qu'elle ne pouvoit me souffrir, & qu'elle ne me verroit jamais, je m'irritai de ce qu'elle avoit des volontés si mutines ; &

L

quand je crus l'avoir un peu adou-
cie, je lâchai prise; voilà l'homme.
De qui dans la vie veut-on se faire
aimer? de ceux qui ne se soucient
pas de nous; il y a des gens qui
donneroient deux de leurs meilleurs
amis, pour avoir l'amitié d'un homme qui les fuit. Dire du mal de quelqu'un, n'est le plus souvent qu'une
maniere de se plaindre de son indifference pour nous; dans le tems
que j'étois dans le monde, on me
disoit qu'il y avoit un homme qui
marquoit toujours de l'aigreur dans
ses discours, quand il parloit de moi,
je m'avisai tout d'un coup de songer que je le saluois froidement
quand je le rencontrois: Je le tiens,
dis-je alors en moi-même, cet homme-là veut que je l'aime, il l'a mis
dans sa tête, parce qu'il s'est imaginé que je ne l'aimois pas; & j'avois
raison de penser cela, car dès que
je l'eus salué d'un air riant, il me
marqua tant d'amitié, que je n'en
sçavois que faire; mais malheureusement j'en pris pour lui aussi, & cela
fit qu'il m'aima toujours mais qu'il

ne me fêtoit plus. Puisque je rapporte de tems en tems de petits traits de ma vie, ne vaut-il pas mieux que je vous la donne toute entiere, cela ne m'empêchera pas de m'écarter quand il me plaira ; vous voyez bien que j'écris comme si je vous parlois, je n'y cherche pas plus de façon, & je n'y en mettrai jamais davantage.

Au reste, je ne vous entretiendrai pas ce soir bien long-tems, car je suis prié d'un repas avec mes camarades ; vous entendez bien que je veux dire un repas de gueux, & je vous en promets le récit quand j'en serai revenu ; ce sera pour vous une leçon de joye. Ces repas-là ne sont pas les plus mauvais je vous assûre, la politesse n'y gêne personne, aussi n'a-t-on que faire d'elle, quand on veut se divertir ; ce n'est pas le plaisir qui l'a inventée ; au contraire, je ne doute pas qu'il ne la chasse quelques jours ; je parle de cette politesse, ou si vous voulez de cette bienseance, de ce bel air que les gens du monde ont dans leurs festins, où il faut s'observer

& avoir une façon de boire & de manger qui est de convention: diantre, cela est serieux, prenez garde à vous; si vous haussez trop le coude en buvant, on dira que vous n'êtes qu'un Provincial, qu'un petit Bourgeois qui n'a pas coûtume d'être en bonne compagnie; voyez ce que c'est; ó! gens du monde, que vous êtes de pauvres gens!

Je disois un jour à un Gentilhomme qui étoit tout frais débarqué de sa Province, & que des personnes de consideration avoient prié à souper; eh! Monsieur, où allez-vous vous fourrer? vous êtes bien hardi de vouloir vous présenter tout de gô à pareille fête, vous qui ne sçavez tout simplement manger & couper vos morceaux qu'à la maniere de votre Païs; croyez-vous qu'il suffise d'avoir bon apétit? vraiment vous n'y êtes pas, c'est même le pere des incongruités que l'apétit dans un homme qui ne sçait pas le conduire en ce Païs-ci. Comment remercierez-vous ceux qui boiront à votre santé? je vous vois d'ici, vous pancherez civilement la tête, & vous serez un joli garçon avec cette contorsion-là. Dites-moi, aurez-vous en mangeant cet air libre & aisé qu'il convient d'avoir avec sa fourchette, son assiette, son verre, & son couteau ? Sçavez-vous le nom des plats qu'on vous servira ? Avez-vous étudié votre Dictionnaire de friandise & de gourmandise ? il faut qu'un galant homme le sçache sous peine de ne paroître qu'un manant : Comment serez-vous assis ? vous tiendrez-vous bien droit à table ? vous ne serez qu'un échalas ; y serez-vous sans façon, ah ! le païsan. Le Gentilhomme épouvanté de ce que je lui disois, prit la chose très-serieusement, & aima mieux être malade que d'aller à son repas. il m'avoüa même six mois après que j'avois raison, & qu'il voyoit bien qu'il m'avoit eu obligation.

Les hommes avec toutes leurs façons ressemblent aux enfans ; ces derniers s'imaginent être à cheval, quand ils courent avec un bâton entre les jambes ; de même les hommes, ils s'imaginent à cause de certaines belles manieres qu'ils ont introduites entre eux pour flater leur orgüeil, ils s'imaginent en être plus considerables, & quelque chose de plus grand ; les voilà à cheval. Il y a tel homme dans le monde qui est si fort sur son droit, sur son quant-à-soi, qu'il aimeroit mieux essuyer une fourberie qu'une impolitesse. A combien de sots coupe-t-on la bourse en cajolant leur vanité ? tout le monde est Bourgeois, Gentilhomme, jusqu'aux Gentilhommes même. Les hommes sont plus vains que méchans ; mais je dis mal, ils sont tous méchans, parcequ'ils sont tous vains. Y a-t-il rien de si malin, de si peu charitable que la vanité offensée ? Je suis bon, disoit un ancien dont le nom ne me revient pas, je suis genereux ; mon bien, ma vie, tout ce que je possede est à mes amis . aux indifferens même ; me trahit-on ? je l'oublie ; me nuit-on, me fait-on du mal ? je le pardonne ; mais ne m'humiliez pas.

F I N.

CATALOGUE

DES LIVRES AMUSANS

qui se vendent à Paris chez PIERRE PRAULT, Quai de Gêvres, au Paradis.

De Monsieur DE MARIVAUX:

LE Spectateur François, nouvelle Edition, corrigée par l'Auteur, & augmentée de plusieurs Pieces détachées ; avec l'Indigent Philosophe, & l'Isle de la Raison, ou les Petits Hommes 2 volumes in 12.

On vend séparément les Pieces détachées.

L'Indigent Philosophe.

Et l'Isle de la Raison, Comedie.

L'Isle des Esclaves, Comedie.

Les Avantures de *** ou les effets surprenans de la Sympatie. 5 vol. in 12.

La Voiture embourbée, Roman impromptu. in 12.

L'Homere travesti. 2 vol in 12. avec figures.

La seconde surprise de l'Amour, Comedie en trois Actes.

La Vie de Marianne, ou les Avantures de Madame la Comtesse de ***

On vend aussi les autres Pieces de Théatre du même Auteur.

De Madame DE GOMEZ.

Crementine, Reine de Sanga, Histoire Indienne, 2 vol. in 12. *avec figures.*

Les Anecdotes Persanes. 2 vol. in 12.

Les Journées amusantes. 4 vol. in 12. *avec fg.*

Les Oeuvres mêlées. 1 vol. in 12.

La Conquête de Grenade. 1 vol. in 12.

De Madame DURAND

Les Belles Grecques, ou l'Histoire des plus fameuses Courtisanes de la Grece ; & Dialogues nouveaux des Femmes galantes modernes. 1 vol. in 12. *avec figures.*

Histoire du Duc des Vandales. 1 vol. in 12. *avec figures.*

De Monsieur de SERIZE.

Les Femmes des douze Césars, & Imperatrices; Nouvelle Edition exactement corrigée, & augmentée de près de moitié. 3 vol. in 12.

De Monsieur DE L***.

Argénis Roman Héroïque, Traduction nouvelle de Barclai. 2 vol. in 12. *avec figures.*

Nouveaux Principes de l'Ortographe Françoise 1 vol. in 12.

De divers autres Auteurs.

L'Amante retrouvée, Opera Comique.

Avantures du jeune Comte de Lancastel, Nouvelle du tems 1 vol in 12.

Avantures de Don Quichote. 14 vol in 12. *fgur.*

On vend séparément les six derniers volumes.

Ariane. 3 vol. in 12. *avec figures.*

Gustave Vasa. 1 vol. in 12.

Avantures des trois Princes de Sarendip. 1 vol. in 12. *avec figures.*

Avantures choisies. 1 vol. in 12. *avec figures.*

Avantures de Don Antonio de Buffalis. 1 vol. in 12.
Les Illustres Françoises. 3 vol. in 12.
Histoire de Tullie, Fille de Ciceron. 1 vol. in 12.
L'Histoire & les Lettres de Phalaris. 2 vol. in 12.
Histoire de Madame de Gondez. 2 vol. in 12.
Memoires de Vordac. 2 vol. in 12. Nouvelle Edition, augmentée.
Les Nouveautés, dédiées à tous Etats, depuis la Charuë jusqu'au Sceptre. 2 vol. in 12.
Les Contes Tartares. 3 vol. in 12. avec figures.
Les Contes Chinois. 2 vol. in 12. avec figures.
Le Vice puni, ou Cartouche Poëme ; avec les Dictionnaires Argo-François & François-Argo. Nouvelle Edition, augmentée d'Estampes à chaque Chant.
Les Géants, Poëme Epique. 1 vol. in 12.
Les Avantures de Pédrille del Campo. 1 volume in 12. avec figures.
L'Histoire du Czar Demetrius. 1 vol. in 12. avec figures.
Roland le Furieux, ou l'Arioste moderne. 2 vol. in 12.
Zaïde, de M. de Segrais. 2 vol. in 12.
La Princesse de Cleves. 2 vol. in 12.
Oeuvres de Madame de Villedieu. 12 vol. in 12.
Les Mille & une Nuit, Contes Arabes. 12 vol. in 12.
Les Mille & un Jour, Contes Persans. 5 vol. in 12.
Les Contes des Fées, de Madame d'Aunoy. 8 vol. in 12.
—— *Idem.* de Madame de Murat. 2 vol. in 12.
—— *Idem.* de Mademoiselle de la Force. in 12.

—— *Idem.* de Monsieur Perault. in 12.
Oeuvres de Moliere 8 vol. in 12. Nouv Edition.
—— *Idem.* de Racine. 2 vol. in 12. Nouvelle Edition, augmentée considerablement.
—— *Idem.* de Pavillon. in 12.
—— *Idem.* de Monsieur de Saint Evremont, sur l'Edition de Londres. 7 vol. in 12.
—— *Idem.* de Descartes. 13 vol. in 12. *avec figures.*
—— *Idem.* de Monsieur de Sacy, de l'Académie Françoise. *in quarto*, & in 12. 5 volumes.
Les Factums du même Auteur. 2 vol. *in quarto.*
Oeuvres de M. de la Visclede. 2 vol. in 12.
Poësies de M. l'Abbé de Chaulieu, & de M. de la Fare *in octavo.* Holl.
Fables de M. de la Fontaine, Nouvelle Edition, avec des Figures nouvellement gravées. 3 vol. *in octavo, gros caractères.*
—— *Idem.* sans Figures. 2 vol. *in octavo.*
—— *Idem.* avec des Notes. in 12 *petit caract.*
—— d'Esope. avec des Quatrains à la fin de chaque Fable, & des Figures gravées en Bois, sur les desseins de Lepautre. in 12.
Lettres familieres, instructives & amusantes, écrites à un Millionnaire, sur divers sujets. 3 vol. in 12.
Principes de la Philosophie naturelle.
L'Homme Prodigieux, transporté dans l'Air, sur la Terre & sous les Eaux. 2 vol. in 12. *avec figures.*
Histoire des Imaginations extravagantes de M. Oufle. 2 vol. in 12. *avec figures.*
Les Tours de Maître Gonin. 2 vol. in 12. *avec figures.*

Dialogues des Vivans. in 12.
Les Coudées franches ; Ouvrage singulier, qui renferme une varieté des plus curieuse, & tres-récréative.
Poisson, Comedien, aux Champs Elisées. in 12.
Polissoniana. in 12. *Holl.*
Avantures de Robinson. 3 vol. in 12 *avec fig.* *Holl.*
Memoires de M. l'Abbé de Choisy. 2 vol. in 12. *Holl.*
Segresiana. 2 vol. in 12. *Holl.*

LIVRES D'HISTOIRES.

VIES des Saints, de Giry, *in folio*, trois volumes.
—— *Idem.* in folio, 2 vol.
Histoire du Peuple de Dieu, tirée des seuls Livres saints, *in quarto.* 8 vol.
La Vie de Saint François, Instituteur de l'Ordre des Freres Mineurs, de l'Ordre de Sainte Claire, & du Tiers Ordre de la Penitence ; avec l'Histoire particuliere des Stigmates, & des éclaircissemens sur l'Indulgence de la Portiuncule, des Réflexions courtes, & des Notes. *Par le P. Candide Chalippe, Recollет.* in quarto.
Portraits Historiques des Hommes Illustres, tirés du Recüeil de Fulvius Ursinus, *par Monsieur l'Abbé Baudelot.* in quarto.
Histoire de la Milice Françoise, *par le Pere Daniel* in quarto. 2 vol *avec figures,*

grand & en petit papier.

Abregé de la Bible. 2 vol. in 12.

Histoire du Monde, *par Chevreau.* 8 volumes in 12.

——— Universelle, *du Pere Petaut.* in 12. 5 volumes.

Histoire Romaine. 2 vol. in 12.

——— d'Herodote, 3 vol. in 12.

——— de Tucydide, 3 vol. in 12.

Methode pour apprendre l'Histoire de France, par Demandes & Réponses ; avec une idée generale des Sciences, in 12.

Histoire des Dauphins & Dauphines de France, in 12.

Etat de la France, *nouvelle Edition*, 5 vol. in 12.

Les Campagnes de Monsieur de Vendôme, in 12.

Histoire du Connétable de Luynes, Favori de Jean II. Roy de Castille & de Leon, in 12.

Lettres Historiques sur les Spectacles, 2 volum. in 12.

Voyage d'Espagne à Bender, in 12.

Geographie universelle, 6 vol. in 12. *avec fig.*

Le parfait Geographe, 2 vol in 12. *figures.*

Description de Versailles, de *Félibien*, in 12.

On vend chez le même Libraire tous les Livres d'assortimens que l'on peut souhaiter, en tout genre, & à meilleur marché que qui que ce soit.

www.ingramcontent.com/pod-product-compliance
Lightning Source LLC
Chambersburg PA
CBHW060200100426
42744CB00007B/1105